1973
WPL

HEIDELBERGER FACHBÜCHER

Der Manager und der Computer

von

HARRY KOMOR

Göttingen

I. H. Sauer-Verlag · Heidelberg

© 1971 I. H. Sauer-Verlag, Heidelberg
ISBN 3 7938 7458 3
Gesamtherstellung: Druckerei Schwenk & Co. GmbH,
Frankfurt am Main
Umschlaggestaltung: Christoph Petersen

Vorwort

Die Probleme im Bereich der elektronischen Datenverarbeitung sind sehr zahlreich — sie waren es in der Vergangenheit, sie sind es heute und werden es auch noch morgen sein.

Wo gearbeitet wird, bleibt die Arbeit nicht das einzige Problem, mit dem man sich auseinandersetzen muß. In der Datenverarbeitung — sei es bei der Datenerfassung, bei der Problemanalyse, der Programmierung oder am Computer — geht es nicht ohne den Menschen. Eine gute Personalführung ist in vielen Fällen entscheidend für das Gelingen der so unterschiedlichen Arbeiten. Sie gehört mit zu den schwierigsten Dingen im Berufsleben.

Aus diesem Grund wird im vorliegenden Buch auch auf die Probleme eingegangen, die im Umgang mit dem Fachpersonal entstehen. Wichtig ist in diesem Zusammenhang auch die Betrachtung der Berufsausbildung in der Gegenwart, weil sie mit dazu beiträgt, das berufliche Bild in der Zukunft zu prägen und zu erhellen.

Wer nicht nur heute erfolgreich sein will, der muß sich über die bisherige Entwicklung in seinem Fachbereich und in angrenzenden Bereichen unterrichten und seine sowie die Erfahrungen von Experten zu nutzen suchen.

Dieses Buch soll bei diesem Versuch eine Hilfe sein. Es kann für EDV-Laien und für Fachleute gleichermaßen von Interesse sein und beiden nützliche Hinweise geben.

Heidelberg, im Juni 1971 *Harry Komor*

Inhaltsverzeichnis

	Seite
1. Der normale Bürger und die EDV	9
2. Die Manager und die EDV	13
2.1 Das Verhältnis zu Computer und Mannschaft	13
2.2 Manager-EDV-Entscheidungen	20
2.3 Ärger mit den Terminen	24
3. Etwas über die EDV-Spezialisten	29
3.1 Allgemeines	29
3.2 Die Programmierer	31
3.2.1 Der Werdegang	31
3.2.2 Der neue Ausbildungsweg	32
3.2.3 Der bisherige Ausbildungsweg	34
3.2.4 Der Programmierer im Betrieb	36
3.2.5 Personalprobleme mit Programmierern	43
3.3 Die EDV-Organisatoren	46
3.4 Die Operators	49
3.5 Die Datenerfasserinnen	50
3.5.1 Allgemeines	50
3.5.2 Sorgen mit den Datenerfasserinnen	52
3.5.3 Voraussetzung für eine gute Datenerfassung	54
4. Die Organisation der Abteilung EDV	57
4.1 Allgemeines	57
4.2 Die Abteilung EDV innerhalb der Gesamtorganisation eines Unternehmens	59
4.3 Die EDV-Organisation	61
4.3.1 Allgemeines	61
4.3.2 Organisationsbeispiele	61
4.3.3 Die Organisation der Programmierung	69
5. Umorganisation im EDV-Bereich	75
5.1 Allgemeines	75
5.2 Neugestaltung der Datenerfassung	77
5.3 Einführung einer neuen Programmiersprache	81
5.3.1 Gründe für die Einführung einer neuen Programmiersprache	81

	5.3.2 Probleme bei der Einführung einer neuen Hauptprogrammiersprache	84
5.4	Einführung eines neuen Operating-Systems	87
	5.4.1 Allgemeines	87
	5.4.2 Was bei der Umstellung zu beachten ist	91
5.5	Computer-Umstellung	95
	5.5.1 Allgemeines	95
	5.5.2 Wechsel auf den Computer eines anderen Herstellers	95
	5.5.3 Umstellung auf einen anderen Computer des gleichen Herstellers	99
6.	Fremde Programmierer im Haus	101
7.	Über die Entwicklung der EDV	111
7.1	Der Anfang	111
7.2	Die Entwicklung der Software	114
	7.2.1 Assembler	115
	7.2.2 Service-Programme (Dienstprogramme)	115
	7.2.3 Steuerungsprogramme	116
	7.2.4 Die Compiler	117
	7.2.5 Zusammenfassung	120
	7.2.6 Die Software der Zukunft	121
7.3	Computer im Vormarsch	124
	7.3.1 Eine bewußte Planung der Entwicklung ist notwendig	124
	7.3.2 Förderung der Ausbildung auf Bundes- und Länderebene	125
	7.3.3 Förderung der Forschung auf nationaler und internationaler Ebene	131
Stichwortverzeichnis		135

1. Der normale Bürger und die EDV

Als der Verfasser dieses Buches vor etwa zehn Jahren auf die Frage, welchen Beruf er ausübe, mit »P r o g r a m m i e r e r« antwortete, bemerkte er erstaunt, daß diese Antwort oft bei den Fragenden Verwunderung hervorrief. Viele wußten mit dieser Berufsbezeichnung nichts anzufangen, sie konnten sich keine rechte Vorstellung davon machen. Einige glaubten ernsthaft, daß damit die Gestaltung von Rundfunk- und Fernsehprogrammen zusammenhinge.

Heute weiß man im allgemeinen schon mehr über diesen Beruf, aber nur wenige können ihn genau beschreiben. Wirklich Bescheid wissen in der Regel nur diejenigen, die direkt mit den Problemen der Datenverarbeitung zu tun haben.

Die Vorstellungen, die man landläufig vom Programmierer hat, sind kurz gesagt folgende:

Er bekommt v i e l Geld. — Er m a c h t Programme für Computer. — Seine Zukunftsaussichten sind sehr gut.

Worin dieses »Machen« besteht, ist unbekannt.

Vor nicht allzulanger Zeit sollte die Abteilung »Konventionelle Datenverarbeitung« eines bekannten Handelsunternehmens auf E l e k t r o n i k umgestellt werden. Um nach Möglichkeit Pannen zu vermeiden, wurde mit dieser Aufgabe ein Fachmann betraut, der im EDV-Bereich schon über eine mehrjährige Praxis verfügte.

Nachdem dieser einige Tage in der Firma war und die Verhältnisse kannte, ließ er alle Tabellierer einzeln zu sich kommen. Er erzählte jedem, wie sich die Zukunft gestalten würde und was in den kommenden 15 Monaten danach im Hause geschehen würde. Er wußte, daß sich die Männer seit seinem Eintritt in die Firma besonders stark mit der künftigen Entwicklung und ihren eigenen Chancen beschäftigten.

Im Maschinenraum diskutierten sie oft darüber. Nachdem jeder durch das persönliche Gespräch mit dem neuen Abteilungsleiter die Situation kannte, wurde einem jeden die Frage gestellt, wie er sich seine Mitarbeit in der Zukunft vorstelle.

Von 15 Befragten äußerten 13 die Absicht, Programmierer zu werden. Nur zwei wollten sich mit einer Tätigkeit als Operator (Bediener eines Elektronenrechners) begnügen.

Keiner dieser Männer hatte zuvor einen Computer gesehen. Diejenigen, die Programmierer werden wollten, hatten von diesem Beruf keine genauen Vorstellungen. Sei wußten lediglich, daß Programmierer gut verdienen und daß ihre Chancen in der Zukunft nur noch besser werden konnten. Sie witterten die Möglichkeit, beruflich einen Sprung nach vorn machen zu können. Das war ihnen genug für die Wahl dieses Berufes.

Die Personen, von denen hier die Rede war, besaßen bereits Kenntnisse in der konventionellen Datenverarbeitung. Wie man erkennen kann, waren sie trotzdem recht ahnungslos.

Welches Verhältnis haben nun Menschen zur elektronischen Datenverarbeitung, denen der direkte Kontakt zu diesem Gebiet fehlt? Genau genommen — gar keines. Sie beziehen ihre Informationen fast nur durch das Fernsehen und aus Zeitschriften, selten über Bekannte, die direkt mit der Materie zu tun haben.

Das Fernsehen zum Beispiel trägt jedoch nur bedingt durch die Art seiner Sendungen zum besseren Verständnis für die elektronische Datenverarbeitung bei, ja es trägt eher noch zur weiteren Mystifikation bei. Den Gestaltern der Fernsehprogramme kann man deswegen nicht einmal einen Vorwurf machen. Die Zuschauer wollen etwas sehen, und deshalb zeigt man ihnen Maschinen der Datenverarbeitung, die optisch etwas bieten.

Das sind in den meisten Fällen schnelle Sortiermaschinen, Kartenmischer, in Aktion befindliche Magnetbänder, automatisch gesteuerte Schreibmaschinen und an Computer angeschlossene Schnelldrucker, die rund 1000 Zeilen in der Minute anschreiben können.

Die Sortiermaschine und der Kartenmischer, die optisch noch am besten zu verwerten sind, gehören noch nicht einmal zu den EDV-Maschinen, sondern sind noch Überbleibsel aus der guten alten konventionellen Datenverarbeitung.

Über dem, was nun alles zwischen einer Karteneingabe und der Ausgabe auf einem schnellen Drucker vor sich geht, liegt tiefes Schweigen.

Um die in diesem Bereich liegende eigentliche elektronische Datenverarbeitung anzudeuten, zeigt man gern die flackernden

Lämpchen einer Zentraleinheit. Es ist somit kein Wunder, daß sich im allgemeinen die Ansicht verbreitet hat, daß alles, was mit elektronischer Datenverarbeitung zu tun hat, halbe Zauberei ist und die Programmierer wahre Hexenmeister sind.

Hier hat das Fernsehen einiges gutzumachen.

Das wird freilich schlecht in den Hauptprogrammen möglich sein. Dafür empfehlen sich die regionalen III. Programme, in denen man tiefer in die Materie eindringen kann. Dies muß auf eine einfache, leicht verständliche Art geschehen, die dazu noch unterhaltend und fesselnd ist.

Da die elektronische Datenverarbeitung sich ständig erweitert und immer neue Bereiche unseres täglichen Lebens erobert, ist es einfach notwendig, daß sie dem normalen Durchschnittsbürger verständlich gemacht wird.

Durch das zunehmende Wissen um diese Dinge wird es dann künftig nur noch selten geschehen, daß Scharlatane erfolgreich sind. Es werden von diesen »Goldmachern unserer Tage« nicht nur kleine Leute um ihr Geld gebracht, das sie teilweise für EDV-Lehrgänge ausgeben, ohne dafür die nötigen Voraussetzungen zu besitzen, sondern es werden auch Klein- und Mittelbetriebe um Tausende geprellt durch Organisationsvorschläge und Programme, die nichts wert sind.

Programmierer sind keine Hexenmeister, und die EDV hat nichts mit Zauberei zu tun, das ist sicher.

Sicher ist aber auch, daß das Programmieren eine harte Arbeit ist, die im Normalfall erst dann mit Perfektion beherrscht wird, wenn man sie mindestens zwei Jahre ausgeübt hat.

Vorausgesetzt wird dabei natürlich, daß man die notwendige Eignung und das erforderliche Durchstehvermögen besitzt.

Entwicklungssprünge sind im allgemeinen nachteilig, weil mit der Verkürzung einer normalerweise notwendigen Entwicklungszeit in der Regel der gesamte Reifeprozeß unterbrochen wird.

Wer die Zusammenhänge in der elektronischen Datenverarbeitung ganz durchschauen will, muß umfangreiche Detailkenntnisse besitzen, die nur mühevoll erarbeitet werden können. Hier liegen die Probleme, mit denen die Manager und Führungskräfte zu ringen haben, die heute Spitzenpositionen einnehmen und in deren Händen das Instrument »Elektronenrechner« ein Werkzeug sein soll, das sie optimal zu nutzen wissen.

2. Die Manager und die EDV

2.1 Das Verhältnis zu Computer und Mannschaft

Ein Kapitän, der fähig ist, ein modernes Schiff zu steuern, muß nicht unbedingt selbst ein guter Elektronik-Fachmann sein, nur weil sein Schiff entsprechend ausgerüstet ist. Es genügt völlig, daß er weiß, welche Möglichkeiten durch das System gegeben sind und wenn er es versteht, daraus den größten Nutzen zu ziehen.

Ähnlich kann das Verhältnis eines Top-Managers zu seinem Computer sein. Es ist auch hier nicht notwendig, daß ein Manager Detailkenntnisse besitzen muß, die so weit gehen, daß er weiß, wie einzelne Instruktionen, zum Beispiel in der ASSEMBLER-Sprache, aussehen und welche Bit-Struktur ein bestimmtes Zeichen im Kernspeicher hat.

Was er jedoch kennen muß, das ist die große Linie, die von der ersten Projektidee bis zur letzten Operatoranweisung, bis zum letzten Organisationsblatt reicht.

Er muß folgendes wissen:

1. Welche Geräte für die Ein- und Ausgabe von Daten vorhanden sind und welche Arbeitsgeschwindigkeiten die einzelnen Geräte besitzen.
2. Wie die Daten in ihrem Aufbau beschaffen sind. (Einzelsätze oder Satzblöcke)
3. Welche Arten des Zugriffs zu den verschiedenen Datenträgern möglich sind und welche Formen der **Verarbeitung** gewählt werden können.

    So wird beispielsweise beim Einsatz von Magnetbändern eine sequentielle Verarbeitung erfolgen, während bei der Benutzung von Magnetplatten ein wahlfreier Zugriff zu gespeicherten Daten möglich ist. Man spricht hier auch von Random-Verarbeitung.
4. Wie die Datenverschlüsselung generell vorgenommen wird.
5. Wie die Instruktionen aufgebaut sind.
6. Wie die Daten übertragen werden und was man unter Multiplex- oder Selectorkanälen zu verstehen hat.

7. Welche Programmiersprachen es gibt und welche Bedeutung die einzelne hat.

Sicher könnte hier noch mancher anderer Punkt genannt werden. Welche Möglichkeiten hat nun ein Mann in einer Spitzenposition, um die notwendigen Kenntnisse zu erlangen?

An erster Stelle sind hier die Kurse zu nennen, die von den Computerherstellern abgehalten werden. Fast alle Hersteller von Rechenanlagen geben Schulungspläne heraus. Anhand dieser Schulungspläne kann man sich informieren und die geeigneten Lehrgänge auswählen.

Eine Ausbildung, die durch Kurse der Computerhersteller erfolgt, hat den Vorteil, daß sie

1. recht gründlich ist;
2. außer Spesen und Reisekosten im allgemeinen keine zusätzlichen Kosten erforderlich macht;
3. besonders auf die Eigenart des angemieteten Computers eingeht, was dazu führt, daß man die Dinge im eigenen Hause besser überblickt.

Es gibt natürlich noch andere Möglichkeiten, zu notwendigem Fachwissen zu gelangen. Einige seien hier aufgeführt:

1. Das Studium einer entsprechenden Fachliteratur;
2. die Teilnahme an Seminaren und Lehrgängen bekannter Fachinstitute;
3. der Fernunterricht.

Wie die notwendigen Kenntnisse erlangt werden, ist meist ohne Bedeutung. Wichtig ist jedoch, daß das vermittelte Wissen möglichst umfangreich ist und in der kürzesten Zeit erarbeitet werden kann. In den meisten Fällen empfiehlt sich die Teilnahme an Herstellerkursen, die meist fabrikatbezogen sind.

Wer eine mehr allgemeine Übersicht haben möchte, wird dagegen die Seminare anderer Institute besuchen. Was vorteilhaft ist, muß in jedem Fall neu erwogen werden. Führungskräfte in Spitzenpositionen, die Computer einsetzen und nicht ausreichend informiert sind, vergeben die Möglichkeit, in wichtigen Situationen über den Einsatz der Anlage mitreden zu können. Sie müssen ihren EDV-Spezialisten blind vertrauen, ohne selbst die Sachlage auch nur annähernd beurteilen zu können.

Grundsätzlich — und das sei besonders herausgestellt — sollte sich das Top-Management nicht in die Einzelheiten der Elektronischen Datenverarbeitung verlieren. Dies sollte man den Spezialisten überlassen, die das sicher besser verstehen.

Halbes Wissen gegenüber Kennern angewandt, wirkt lächerlich und verbessert sicher nicht die Zusammenarbeit.

Führungskräfte können heute nicht mehr auf das notwendige EDV-Fachwissen verzichten. Wenn sie es trotzdem tun, dann gefährden sie damit die Zusammenarbeit zu ihrem EDV-Führungspersonal.

Bedingt durch die fehlende Sachkenntnis auf diesem Gebiet, neigen Top-Manager oft zu zwei Extremen:

1. Sie überschätzen die Fähigkeiten ihrer Fachleute und halten diese für eine Art von Supermännern, die in Tag- und Nachtarbeit dem Computer die Informationen abringen, die zur Führung des Betriebes notwendig sind. Man vertraut absolut.

2. Sie halten ihre EDV-Leute für eine Gruppe schwieriger und widerborstiger Mitarbeiter, die immer Gegenargumente finden und Schwierigkeiten sehen, wenn man ihnen mit neuen Forderungen kommt. Besonders dickköpfig zeigen sie sich zuweilen, wenn berechtigte Änderungen zu machen sind. Machen sie nur den Mund auf, dann kommt sicher eine Lüge heraus, und zwar nur deshalb, weil man keine entsprechenden Gegenargumente bringen kann. Das Vertrauen ist gleich Null.

Keine dieser beiden Einstellungen, von denen die letztere bei weitem überwiegt, führen zu einer vernünftigen, ausgewogenen Zusammenarbeit.

Anschließend soll einmal erläutert werden, wie es zu einer derart negativen Einstellung zu den EDV-Spezialisten kommt, die darin gipfelt, daß man sagt: »Alle EDV-Leute lügen.«

Die Geschäftsleitung hat einen Computer bestellt, weil sie davon überzeugt ist, daß sie nur mit Hilfe einer solchen Rechenanlage zu richtigen und zeitnahen Führungszahlen kommen kann.

Der Aufbau und die Größe des Computers wurden den Aufgaben angepaßt, die man mit ihm zu lösen beabsichtigte.

Diese sogenannte Maschinenkonfiguration wird in den meisten Fällen durch die Fachleute der Herstellerfirmen bestimmt. Nachdem die Entscheidung über die Anlage gefallen ist, beginnt die

Detailplanung des Gesamt-Ablaufes und ein stilles aber zähes Ringen um die Termine.

Inzwischen wurden einige EDV-Spitzenkräfte eingestellt, und die Umschulung der eigenen Leute auf die neue Aufgabe wurde eingeleitet. Kaum ist nun die Entscheidung für einen bestimmten Computer gefallen, da wird in der Brust manches leitenden Herren (meist ohne EDV-Grundkenntnisse) ein Gefühl wach, das sich nur schlecht beschreiben läßt, das jedoch nicht zum allgemeinen Wohlbefinden beiträgt.

Man kann jetzt einfach nur noch hoffen, daß nichts schiefgeht und daß die »elektronischen Eierköpfe«, die jetzt neuerdings in einigen Räumen sitzen und still vor sich hinbrüten, alles richtig machen.

Die übrige Belegschaft — oft besonders diejenigen, die von der Umstellung am meisten betroffen werden — glaubt ohnehin nicht, daß der neumodische Kram überhaupt klappt.

Manche — um ihre jetzige Position bangend — hoffen sogar, daß alles schiefgehen möge. Die allgemeine Tendenz ist: Erst einmal sehen, was bei der ganzen Sache herauskommt, dann werden wir uns schon entsprechend einrichten. Also abwarten und Tee trinken.

Unter intensiver Arbeit, bangem Hoffen und beständigem Warten vergeht nun die Zeit. Eines Tages steht ein großer Lastzug vor dem Haus. D e r   C o m p u t e r   i s t   d a .

Die »elektronischen Eierköpfe«, die bis dahin immer still und fleißig hinter ihren Schreibtischen gesessen haben (einige Tests beim Hersteller des Computers ausgenommen), entwickeln auf einmal eine Aktivität, die man ihnen gar nicht zugetraut hätte.

Es gibt einige kräftige Geburtswehen, Änderungen werden gemacht, Unebenheiten werden — wie man so schön sagt — ausgebügelt, und dann kommt der Augenblick, in dem der Geschäftsleitung die Meldung gemacht wird: U n t e r n e h m e n   g e g l ü c k t !

Meist gibt es danach noch einige kleinere Pannen, die jedoch keinen mehr erschüttern. Wenn die geplanten Kosten bis zur Einführung des Systems einigermaßen eingehalten wurden, dann können einige Herren wieder ruhig schlafen.

Eine große Vorführung wird gemacht, Hände werden geschüttelt, Dank wird gesagt, und wenn noch etwas Geld übriggeblieben ist, bekommen einige Leute eine Prämie von etwa 500,— bis 1000,— DM für die ca. 400 Überstunden, die sie in den letzten Monaten gemacht haben. Dann beginnt der Alltag.

Nach einigen Wochen bzw. Monaten wird so manchem Mitarbeiter klar, was man mit einem solchen Computer machen kann. Erst jetzt erkennt man die Bedeutung der Aussagen, die vor ca. 18 Monaten von den Computer-Spezialisten gemacht wurden.

»Ach, so war das gemeint«, hört man dann manchmal diesen oder jenen sagen.

Es kommt nun eine kurze Zeitspanne der Bewunderung für die EDV-Leute, die jedoch bald abklingt. Sie wird sozusagen von den Änderungswünschen der erwachenden Sachbearbeiter und der Geschäftsleitung abgewürgt. Der kleine Keim des Mißtrauens gegen alle EDV-Leute, hervorgebracht zu einem Zeitpunkt, als es um das Für und Wider der elektronischen Datenverarbeitung überhaupt ging, schießt bald kräftig aus dem Boden des Argwohns, spätestens dann, wenn ein Änderungswunsch mit den Worten: »Das geht leider nicht!« zurückgewiesen wird.

Inzwischen hat sich nämlich in den Gehirnen aller Nicht-EDV-Leute die Meinung gebildet, die Elektronik kann alles. Man glaubt den EDV-Leuten ihre Behauptung einfach nicht. War nicht bisher alles möglich gewesen? Warum sollte ausgerechnet dieser kleine Änderungswunsch nicht berücksichtigt werden können?

Daß seit dem Beginn der Planungen bis zum ersten echten Programmlauf fast zwölf bis achtzehn Monate vergangen sind, hat man gar nicht bemerkt. Man beharrt auf der Forderung. Nun wird hart debattiert, aber man hört nicht so genau hin, wenn die EDV-Leute ihre Begründung geben.

Wie es gemacht werden soll, ist doch völlig unwichtig. Fest steht alleine, daß etwas geschehen muß. Über das harte »es geht nicht« ist man schockiert und sieht dahinter nur eine böswillige Absage, die deshalb mit so sturer Beharrlichkeit vorgebracht wird, weil von den Nicht-EDV-Leuten kaum das Gegenteil bewiesen werden kann.

Versteht man, daß eine Änderung unter den gegebenen Bedingungen nicht möglich ist, wird den EDV-Leuten jedoch keineswegs verziehen, daß sie die Möglichkeit dieses Änderungswunsches nicht vorausgesehen und eingeplant haben.

Mögen die Erfahrungen während der Umstellungszeit in einer Firma noch so bitter gewesen sein, ein Außenstehender wird auf seine Fragen nur selten eine Antwort erhalten, die ihm sagt, wie es wirklich war. In der Regel wird man zwar zugeben, Anfangsschwierigkeiten gehabt zu haben, wird aber sofort ergänzend hinzufügen, daß man die Kinderkrankheiten inzwischen natürlich längst überwunden hat.

Leicht verläßt man später den Boden der Wirklichkeit und verliert sich in Schwärmereien, die besonders auf dem Gebiet der Datenverarbeitung am falschen Platz sind. An keinem, mag er auch noch so schön reden, sind die Schwierigkeiten vorbeigegangen. Die Systemplanung und Programmierung sind harte Arbeiten, die nur der meistert, der ständig mit den Problemen und mit seiner eigenen Trägheit ringt.

Bezogen auf die Datenverarbeitung muß man Wörter wie Glaube, Hoffnung, vielleicht, vermutlich usw. vergessen. Allerdings darf man die Hoffnung nicht aufgeben.

Kein Wunder also, daß Männer in führenden Positionen durch die Schönfärberei von außen oft ihren eigenen EDV-Leuten kein rechtes Vertrauen mehr entgegenbringen.

Was sie auch immer geleistet haben, bei den anderen klappt alles wesentlich besser. Da überrascht es nicht, daß sich mehr und mehr der Eindruck verstärkt: A l l e E D V - L e u t e l ü g e n — zumindest die eigenen.

Wenn es bei den anderen geht, so argumentiert man, warum dann nicht auch bei uns? Daß bei der Einschätzung einer Arbeit oft von verschiedenen Voraussetzungen auszugehen ist, vergißt man.

Was ist zu tun, um die Dinge ins rechte Lot zu bringen?
Die Lösung ist relativ einfach:

Es ist nicht nur ein größeres Verständnis, sondern auch ein besseres Fachwissen notwendig, wenn man in der Datenverarbeitung Zusammenhänge erkennen und Einzelheiten beurteilen will.

Die hier gemachten Ausführungen sind keineswegs erfunden. Eine ähnliche Entwicklung hat es in vielen Firmen gegeben. Die Gefahren, die in ihr schlummern, sind nicht unbedeutend. Sie sollen anschließend aufgezeigt werden.

Die negative Einstellung der Geschäftsführung gegenüber ihrem EDV-Team oder gegenüber den EDV-Führungskräften wird bald wahrgenommen. Die Spannungen, die entstehen, wirken in alle Richtungen. Unzufriedenheit zieht ein, und es entbrennt unter

Umständen ein Kampf, bei dem sich die Abteilungsleiter vor der Geschäftsleitung ständig in den Haaren liegen. Eine derartige Situation bezeichnet man allgemein als »schlechtes Betriebsklima«.

Dieser Zustand kann natürlich zwischen der Geschäftsführung und jedem anderen Bereichsleiter entstehen, zum Beispiel Einkauf, Verkauf, Fertigung. Besonders anfällig ist jedoch — wie sich aus den bisherigen Ausführungen ergibt — die EDV.

Da sie in der Regel alle Bereiche eines Unternehmens berührt, wird ihr in erhöhtem Maß Kritik oder Beifall gezollt werden. Ob berechtigt oder nicht, sei dahingestellt.

Um eine klare Linie zu schaffen, muß die Haltung der Geschäftsleitung eindeutig und unmißverständlich sein.

Die folgenden Maßnahmen sind zu empfehlen:

1. **Die Abteilung EDV wird direkt der Geschäftsleitung unterstellt.**
   Der Leiter dieser Abteilung berichtet deshalb direkt der Geschäftsleitung oder einem von der Geschäftsleitung Beauftragten mit voller Verantwortlichkeit.

2. **Die Geschäftsleitung bestimmt nach Rücksprache mit den verschiedenen Bereichsleitern (EDV-Leute eingeschlossen), in welcher Folge die anstehenden Probleme gelöst werden sollen.**

3. **Die Geschäftsleitung läßt sich zu bestimmten Terminen über den Fortschritt der Arbeit berichten.**

Sie sorgt dafür, daß ihr Terminverzögerungen bei der Erstellung von Programmen oder bei der Durchführung fest eingeplanter Arbeiten sofort mitgeteilt werden.

Die Beachtung der hier aufgezeigten Punkte ist besonders während der Vorbereitungs- und Umstellungszeit wichtig. Eine starke Hand, die notwendigen Vollmachten, ein umfassendes Wissen und großes Verhandlungsgeschick müssen sich in einer Person vereinen, wenn die Einführung der EDV planmäßig verlaufen soll.

Der Einsatz eines Computers hat meist eine Änderung der bestehenden Organisationssysteme zur Folge. Oft entfallen ganze Bereiche, neue entstehen und Verantwortlichkeiten verlagern sich. Die Umstellungszeit ist auch eine Zeit der innerbetrieblichen Krisen. In vielen Fällen können Mitarbeiter entbehrt oder für andere

Tätigkeiten freigestellt werden, wenn die Pläne verwirklicht wurden. Es darf deshalb auf keinen Fall versäumt werden, die Belegschaft von der in Aussicht stehenden Entwicklung zu unterrichten.

Jeder einzelne muß wissen, welche Aufgaben ihm zugedacht wurden oder ob man auf seine Tätigkeit künftig verzichten muß. Nur wenn dies geschieht, wird man sicher sein können, daß die Leute, denen man auch noch in der Zukunft Aufgaben zugedacht hat, zur Lösung dieser Aufgaben vorhanden sind.

Die Zeit der Umstellung ist auch eine Zeit, in der ständig neue Gerüchte geboren werden. Mancher gute Mitarbeiter ging schon verloren, weil er diesen Gerüchten Glauben schenkte.

Information ist in diesem Fall das beste Mittel gegen derartige Schwierigkeiten mit dem Personal. Sie sorgt dafür, daß Gerüchte erst gar nicht aufkommen oder gleich nach dem Entstehen als solche erkannt werden.

2.2 Manager-EDV-Entscheidungen

In Unternehmen, die Großrechenanlagen einsetzen, sind die EDV-Manager, die in der Regel hochqualifizierte Spezialisten sind, für eine Auswahl und den Einsatz der notwendigen Maschinen selbst verantwortlich.

Aufgrund ihres Fachwissens werden sie in Zusammenarbeit mit ihren Bereichsleitern aus

> Systemplanung
> Organisation
> Programmierung und
> Ausführung

die notwendigen Entscheidungen fällen.

Wurde auf diese Weise entschieden, dann sollte dies mit der vollen Überzeugung von Fachleuten geschehen sein, die aus der Anzahl gegebener Möglichkeiten die günstigsten ausgewählt haben.

Besondere seelische Belastungen entstehen für den Entscheidenden kaum oder nur in geringem Maß, weil hinter der Entscheidung die vom Fachmann erkannten Notwendigkeiten stehen.

Die Überzeugung, das Richtige getan zu haben, befreit — wie auch bei allen anderen Entscheidungen des täglichen Lebens — von seelischem Druck und vom Zweifel.

Anders sieht es aus, wenn ein Manager eine derartige Entscheidung auf Anraten seiner Spezialisten fällen muß, weil ihm selbst das notwendige Fachwissen fehlt. Ihm mangelt es zwangsläufig an der inneren Sicherheit und der fachlichen Gelassenheit. Diese zu verstärken, soll der Sinn des folgenden Kapitels sein.

Es wird davon ausgegangen, daß ein bestehendes EDV-System durch ein neues leistungsfähigeres ausgetauscht werden soll. Die wichtigsten Fragen, die in diesem Zusammenhang zur Entscheidungsfindung geklärt werden müsse, sind die folgenden:

1. In welchem Maß ist die Anlage ausgelastet, die gegenwärtig benutzt wird?
2. Was kann getan werden, um die Leistung des bestehenden Systems zu vergrößern?
3. Was kann organisatorisch unternommen werden, um die Leistung der bestehenden EDV-Anlage den größeren Anforderungen anzupassen?
4. Wie groß ist der zusätzliche Maschinenbedarf in naher und ferner Zukunft?

Zu 1.
Auskunft über die gesamte benötigte Maschinenzeit geben die Uhren, mit denen die Zentraleinheit und die einzelnen peripheren Geräte in der Regel durch den Maschinenhersteller ausgerüstet wurden.

Eine Aufstellung über die genutzte Maschinenzeit ist einmal monatlich den Vermietern zu übergeben, die in einigen Fällen bei Überschreitung einer vorgegebenen Stundenzahl eine zusätzliche Schichtmiete berechnen.

Ist es nicht möglich, die Maschinenzeit, die benötigt wurde, mit Hilfe der eingebauten optisch ablesbaren Zeitmesser zu bestimmen, dann muß das Operator-Logbuch als Hilfsmittel für den Zeitnachweis dienen.

Abhängig vom Hersteller und von der Größe und Ausrüstung des gemieteten Systems besteht die Möglichkeit, mit Hilfe der angebotenen System-Software genaue Aufstellungen über die Laufzeiten der einzelnen Programme zu erhalten. Voraussetzung hierfür ist, daß der Computer mit einem Zeitgeber ausgerüstet ist, der durch die Systemprogramme abgefragt und registriert werden kann.

Der Einsatz eines größeren Computers ist nur dann gerechtfertigt, wenn der gegenwärtig benutzte bereits durch eine Arbeit in drei Schichten sehr stark ausgelastet ist, bzw. neue Projekte oder Erweiterungen bestehender Aufgaben geplant sind, die die vorhandene Maschinenkapazität übersteigen.

Bedingt durch die notwendigen Rüst- und Leerlaufzeiten besteht ein Unterschied zwischen Arbeitszeit und Maschinenzeit. Dieser Unterschied ist abhängig von der Größe der Anlage und von der Art ihrer Nutzung (zum Beispiel mit oder ohne Multiprogramming, Einschicht- oder Mehrschichtbetrieb, wenig oder viel Leerlauf und Rüstzeiten).

Eine Richtzahl, die das richtige Verhältnis beider Zeiten zueinander zeigt, läßt sich generell nicht sinnvoll aufstellen. Das Verhältnis wird unter anderem mitgeprägt durch die Arbeitsorganisation, die Bearbeitungstermine, die Laufzeiten der Programme und die Anzahl und die Art der verwendeten peripheren Geräte.

Es ist durchaus möglich, daß man bei einer Arbeitszeit von 230 Stunden auf 180 Maschinenstunden kommt (Zählerzeit an der Zentraleinheit).

Unter anderen Bedingungen werden 250 Arbeitsstunden notwendig werden bzw. nur 220 Stunden nötig sein, um die gleiche Anzahl der Maschinenstunden zu erreichen.

In diesem Zusammenhang ist es wichtig zu wissen, wofür die Maschinenzeit aufgewendet wurde. Eine monatliche Maschineneinsatz-Aufstellung, die in jedem Fall erstellt werden sollte, gibt darüber Auskunft.

Kann sie nicht mit Hilfe der Systemprogramme erlangt werden, dann ist es empfehlenswert, die notwendigen Informationen vom Operator-Logbuch ablochen und separat auswerten zu lassen.

Zu 2.

Bevor es zu einer Diskussion über den Einsatz eines neuen Computers kommt, muß geprüft werden, ob das gegenwärtige System erweiterungsfähig ist.

Eine Beseitigung der bestehenden Zeitnot kann durch die folgenden Dinge geschehen, wenn es die Umstände zulassen:

a) **Durch die Vergrößerung des Zentralspeichers**

Damit wird die Möglichkeit geschaffen, Programme zusammenzulegen, die — bedingt durch den kleineren vorhandenen Zentralspeicher — getrennt gefahren werden mußten.

Sortierläufe werden damit beschleunigt und benötigen weniger Zeit.

b) **Durch den Einsatz zusätzlicher bzw. neu entwickelter peripherer Einheiten, wie Band- und Platteneinheiten und zum Beispiel Belegleser**

Diese Geräte gestatten — abhängig von den gegebenen Umständen — kürzere Programmlaufzeiten und ebenfalls einen einfacheren Arbeitsverlauf.

Bei der Einführung von Beleglesern besteht unter anderem noch die Möglichkeit, Terminschwierigkeiten in der Datenerfassung zu beseitigen, da die Belege direkt eingelesen werden können, ohne daß zuvor eine Datenerfassung erfolgt.

Zu 3.

In diesem Bereich kann folgendes zu einer günstigeren Ausnutzung des Computers führen:

Soweit der Speicherplatz ausreicht,

eine Zusammenlegung von Programmen, die die gleichen Stammdaten benutzen und die gemeinsam laufen können.

Eine bessere Organisation der Arbeitsvorbereitung.

Eine günstigere Programmfolge, die es zuläßt, daß unnötige Rüst- und Wartezeiten vermieden werden.

Die Anwendung eines anderen Betriebssystems, schnellere Assembler bzw. schnellere Compiler.

Zu 4.

Pauschale Aussagen, wie: »Wir werden vielleicht ungefähr 30 Stunden Maschinenzeit brauchen«, sind wertlos.

Den Fachleuten ist es möglich, aufgrund der geplanten neuen Programme eine recht genaue Zeitberechnung zu machen und im Einzelfall exakt zu bestimmen, welche Laufzeit für jedes Programm bei der Bearbeitung bestimmter Datenmengen erforderlich ist.

Zur Erlangung einer fundierten Entscheidung sollte auf genaue Zeitberechnungen nicht verzichtet werden.

Um Mißverständnisse und Fehldeutungen zu vermeiden, sollte man darauf bestehen, daß alles genau schriftlich festgelegt wird.

Wer schreibt, muß mit sich selbst im Reinen sein und Ordnung in seine Gedanken gebracht haben.

Da sich der Schreibende mit seiner Arbeit festlegt, wird er automatisch zur Gründlichkeit und Genauigkeit gezwungen. Dies ist in jedem Fall positiv und von Vorteil für den Interessenten.

Wenn die unter 1. bis 4. aufgeführten Dinge beachtet werden und die Fakten feststehen, dann sind die Grundlagen gegeben, die mit dazu beitragen können, daß richtig entschieden wird.

Die noch freie Maschinenkapazität kann mit dem Zeitbedarf verglichen werden, der durch die neuen Programme entsteht. Es ist nun nicht mehr sehr schwer, zu entscheiden, ob die Leistung der gegenwärtig benutzten EDV-Anlage ausreicht, um die neuen Arbeiten zusätzlich erledigen zu können oder nicht.

In diesem Zusammenhang ist es interessant zu wissen, wann ein Computer voll ausgelastet ist. Das ist erfahrungsgemäß dann der Fall, wenn bei einem 3-Schichten-Betrieb im Monat zwischen 400 bis 450 Stunden Maschinenzeit an der Zentraleinheit gemessen werden. Als gewisse Reserve bleibt dann fast nur noch das Wochenende, um sich vom aufgestauten Termindruck zu befreien.

Wenn durch ein Versehen noch etwas schiefgehen sollte, dann kann es unter Umständen möglich sein, daß ein Aufholen des Rückstandes vor dem nächsten Wochenende gar nicht mehr möglich ist.

Bei der Planung eines Computer-Austausches darf die Lieferfrist der neuen Anlage nicht unberücksichtigt bleiben. Sie liegt kaum unter einem Jahr, meistens sogar noch darüber. Bis zur Auslieferung können durch ein natürliches Wachstum des Beleganfalles und durch neue Arbeiten zusätzliche Schwierigkeiten entstehen, die gar nicht zu bewältigen sind. Bei der Feststellung des Aufstellungstermines sollte dies nicht vergessen werden.

2.3 Ärger mit Terminen

In diesem Abschnitt sollen nicht Termine behandelt werden, die mit einer Computer-Installation zusammenhängen. Es geht vielmehr um die Termine, die bei der Erledigung der täglichen Arbeiten zu beachten sind.

Führungskräfte haben — vor allem, wenn sie sich nur wenig um die Probleme der Datenverarbeitung kümmern — keine ausreichenden Vorstellungen über die Termingestaltung. Besonders Ungeduldige möchten ihre Ideen am liebsten sofort verwirklicht sehen und strapazieren damit oft unnötig die Nerven ihrer Fachleute, indem sie sich unter Umständen direkt in diese Dinge einmischen. Je größer allerdings ein Maschinenpark wird, um so geringer wird auch der Einfluß, den die Geschäftsführung in diesem Bereich hat.

Die Grenzen sind hier besser festgelegt. Man weiß auch in der Regel, daß man nicht ohne genaue Kenntnis der näheren Umstände Änderungen einfach anordnen kann.

Nicht unberücksichtigt bleiben darf die Struktur des Betriebes selbst, die von einer bestimmten Größenordnung an einen direkten Einfluß schon gar nicht mehr zuläßt.

Bevor eine Änderung durchgeführt wird, muß geprüft werden, ob diese wirtschaftlich überhaupt vertretbar ist. Selbst EDV- oder Organisationsleiter können dies nicht in jedem Fall sofort selbst bestimmen. Oft wird eine Rücksprache mit den Organisatoren oder Programmierern der betreffenden Fachbereiche notwendig sein, ehe entschieden werden kann.

Voraussetzung für eine Terminisierung ist die Klärung der folgenden Dinge:

1. Ist die Änderung von einer Art, die eine sofortige Beurteilung des Schwierigkeitsgrades zuläßt?
2. Zu welchem Bereich gehört die Änderung?
3. Beschränkt sich die Änderung auf ein Programm oder müssen mehrere Programme geändert werden?
4. Welcher oder welche Programmierer sind für die Änderung bzw. Änderungen zuständig?
   (Diese Frage wird allerdings nur dann gestellt werden, wenn keine Programmiergruppe besteht, die für die Erledigung von Änderungen zuständig ist.)
5. Können die zuständigen Leute zur Zeit die Arbeit überhaupt durchführen, oder beschäftigen sie sich mit der Erledigung anderer dringender Aufgaben?
6. Wie lange sind die zuständigen Leute voraussichtlich durch die anderen Arbeiten in Anspruch genommen?

7. Reicht es aus, wenn die neuen Änderungen bzw. Erweiterungen erst dann durchgeführt werden, nachdem die anderen erledigt sind?
8. Es ist eine genaue Rang- und Zeitfolge festzulegen.
9. Kann nach Feststellung der erforderlichen Fakten überhaupt der geäußerte Terminwunsch berücksichtigt werden?

Organisatoren und Programmierer arbeiten nicht rein zufällig an bestimmten Problemen. Ihre Arbeit wird oft Monate im voraus geplant und kontrolliert. Es ist nicht klug, durch eine Anweisung von oben das System der Wichtung und Ordnung zu durchbrechen und möglicherweise andere wichtige Termine zu gefährden. Im allgemeinen gibt es gar nicht derart wichtige Dinge, die so geartet sind, daß sie eine solche Aktion rechtfertigen.

Ausgenommen hiervon ist eventuell die Beseitigung von Programmfehlern, deren Vorhandensein ernste Folgen für das Unternehmen haben kann. Aber auch in diesen Fällen kommt man nicht ohne die Ermittlung der notwendigen Tatsachen aus.

Selbst wenn in einem Programm zusätzliche Informationen ausgewiesen werden sollen, kann es durchaus sein, daß mehrere Programme geändert werden müssen, um das gesetzte Ziel zu erreichen.

Wer die Zusammenhänge besser erkennt, wird auch die Argumente eher verstehen, die eventuell gegen die Durchführung einer Änderung sprechen. An anderer Stelle wurde bereits auf diese Tatsache hingewiesen.

Die Möglichkeiten, die eine automatisierte Datenverarbeitung bietet, sind sehr groß. Schwierig wird es allerdings, wenn geändert werden muß. Oft übersehen auch die Experten nicht alle wichtigen Einzelheiten, ohne daß man ihnen deswegen einen Vorwurf machen kann.

Je besser die Dokumentation ist, um so geringer ist die Gefahr, daß sich Fehler einschleichen. Die Möglichkeit, daß etwas passiert, ist um so größer, je öfter ein Programm geändert wird. Die Übersichtlichkeit leidet darunter sehr, und die künftige Arbeit an diesem Programm wird erschwert.

Die Beachtung der folgenden Dinge wird sich mit Sicherheit als vorteilhaft erweisen:

a) Änderungs- und Terminwünsche sollten schriftlich gegeben werden, damit jeder weiß, was gemeint ist.

b) Es muß über das Für und Wider von Änderungen bzw. Erweiterungen gesprochen werden. Das Management muß wissen, daß es nicht alleine damit getan ist, daß »Anweisung« ergeht.

c) Man muß hinhören und mitdenken, auch wenn die eigenen Angestellten mit Gegenargumenten aufwarten. Besonders dann ist das Hinhören wichtig: kommen doch die besten Tips und Anregungen aus dem Kreis der Belegschaft.

d) Man zeige selbst Geduld und Besonnenheit, dann wird man diese Eigenschaften auch auf die anderen übertragen. Damit soll nicht der Nachgiebigkeit und der Schwäche das Wort geredet werden.

3. Etwas über die EDV-Spezialisten

3.1 Allgemeines

Wie schon an anderer Stelle erwähnt wurde, werden von vielen unserer Zeitgenossen alle EDV-Spezialisten als eine Art moderne Zauberer angesehen, die danach ihr Geld verdienen, daß sie Dinge tun, die normale Menschen gar nicht oder nur bedingt verstehen.

Die Datenverarbeitung, besonders die elektronische, ist noch relativ jung. Der ihr anhaftende Reiz des Außergewöhnlichen und des Wunderbaren trug nicht nur dazu bei, allen damit verbundenen Tätigkeiten einen Hauch des nicht Alltäglichen zu geben, sondern lockt auch all diejenigen an, die einen nicht alltäglichen Beruf ausüben wollen.

Allein der Wunsch und stilles Verlangen haben noch keinen Interessierten zum Programmierer oder EDV-Organisator gemacht. Etwas mehr als diese bescheidenen Voraussetzungen müssen allerdings schon erfüllt werden, wenn jemand im Bereich der EDV erfolgreich sein will.

Das Vorhandensein der folgenden Eigenschaften und die Erfüllung der aufgezeigten Bedingungen tragen wesentlich dazu bei, aus ersten, vielleicht unklaren Vorstellungen Tatsachen werden zu lassen.

1. Die Fähigkeit, analytisch denken zu können

Das ist besonders wichtig, weil große umfassende Aufgaben für die Bearbeitung durch den Computer — abhängig von der Programmsprache — oft in viele kleine Einzelanweisungen (Instruktionen) zerlegt werden müssen.

2. Die Begeisterung eines Tüftlers

Diese Begeisterung sollte so sein, daß sie die Arbeitszeit und die Pausen vergessen macht wie bei der Lösung eines spannenden Rätsels.

3. Die Gründlichkeit eines Chirurgen

Bei der Erledigung der Arbeiten sollte es kein Vermuten und Glauben geben. Alle Dinge sollten mit der Überzeugung ausgeführt werden, daß es keinen besseren Weg zur Lösung gibt. Jede Einzelheit muß genau geplant werden und ihren festen Platz im Gesamtsystem haben.

Wer zum Experimentieren neigt und dies auf Organisation und Datenverarbeitung anwendet, der wird auf diesem Gebiet mit Sicherheit keinen Erfolg haben.

4. Durchstehvermögen und Sinn für Zusammenhänge

Da meist unter Termindruck gearbeitet wird, entsteht zumindest in der Endphase oft eine zusätzliche Belastung zu den Schwierigkeiten durch die Sache selbst. Man darf sich nicht durch die Größe und den Umfang eines Problems einschüchtern lassen. Letztlich besteht auch das größte Projekt aus einer Fülle von kleinen Bausteinen, den Instruktionen und Routinen.

5. Bereitschaft und Befähigung zur Teamarbeit

Eigenbrötler und Sonderlinge finden kaum Platz in einem EDV-Team. Sie können sich allgemein nur als Spezialisten innerhalb der Spezialistengruppe halten (zum Beispiel als Mathematiker).

Da der einzelne EDV-Organisator oder Programmierer oft nur an der Lösung eines Teiles einer großen Aufgabe arbeitet, fehlt beiden zuweilen der Einblick in die Dinge, die vor und nach der ihnen zugeordneten Arbeit liegen. Es ist daher zwingend, daß Gespräche in der Gruppe geführt werden. Diese Gruppenarbeit ist zwingende Notwendigkeit, weil die Arbeit des einzelnen nur dann gelingen kann, wenn der Vorgänger seine Aufgabe ebenfalls in der geplanten Weise erfolgreich abgeschlossen hat.

6. Selbständigkeit

Die Bereitschaft zur selbständigen Arbeit muß stark ausgeprägt sein. Es wird erwartet, daß aus dem Kreis dieser Mitarbeiter Impulse kommen und daß sie nicht zu Empfängern von Anweisungen degradiert werden. Sie müssen eigene Ideen entwickeln und ständig an der Erweiterung ihres Wissens arbeiten.

Neben diesen hier aufgezeigten Eigenschaften und Fähigkeiten, deren spezielle Wertung innerhalb der angeführten Arten sehr schwierig, wenn nicht gar unmöglich ist, müssen natürlich alle anderen Voraussetzungen erfüllt werden, die man an jedes normale Anstellungsverhältnis knüpft.

Es ist nicht einfach, abzuschätzen, wer — besonders bei einer Umstellung auf EDV — von den bereits im Haus befindlichen Angestellten die aufgeführten Eigenschaften besitzt.

In den vergangenen Jahren sind Testverfahren zur Prüfung der beruflichen Eignung entwickelt worden, die verläßliche Angaben liefern. Sie werden bei Bedarf von den Herstellern elektronischer Rechenanlagen zur Verfügung gestellt.

Die Ergebnisse, die mit diesen Tests erzielt werden, sollten jedoch nicht als einziges Mittel angesehen werden, um Entscheidungen für die Auswahl bestimmter Personen zu fällen.

Die Tests geben nur über fachliche Eignung Auskunft. Sie sagen nichts aus über den Charakter und die anderen wichtigen Anlagen eines Prüflings.

Die Kenntnis um die Persönlichkeit ist jedoch für die Entscheidung ein wichtiger Faktor, der nicht ohne Gewicht ist. Schließlich nutzen die größten Fähigkeiten nichts, wenn sie brachliegen und wenn die Energie fehlt, Ideen in Tatsachen umzuformen.

3.2 Die Programmierer

3.2.1 Der Werdegang

Ein genaues Berufsbild mit einem Berufsbildungsplan und ausgearbeiteten Prüfungsanforderungen gibt es für diesen Beruf erst seit kurzer Zeit. Durch den Erlaß des Bundesministers für Wirtschaft, der in Übereinstimmung mit dem Bundesminister für Arbeit und Sozialordnung am 9. Juli 1969 erging, wird die neue Berufsbezeichnung »Datenverarbeitungs-Kaufmann« sein. Damit hat — zumindest auf dem Papier — ein Beruf seine Einordnung in ein Ausbildungs- und Lehrsystem erfahren, dem er sich bisher entzog.

Waren Programmierer bisher sehr wild blühende Pflanzen, so hat man jetzt einen Weg aufgezeigt, der es zuläßt, daß sie künftig im Klima einer milden dreijährigen Lehre gedeihen.

Diese neue Möglichkeit wird jedoch am gegenwärtigen Werdegang zum Programmierer vorläufig nur wenig ändern. Schuld daran ist der große Bedarf an geeignetem Personal.

Unterscheiden muß man auch, ob der Bedarf durch eine Neuinstallation hervorgerufen wird oder ob er als natürliche Ergänzung für eine bereits bestehende EDV-Abteilung entsteht. Im ersten Fall hat man gar nicht die Möglichkeit, den alten Bedarf an Fachkräften durch eine Ausbildung im eigenen Haus zu decken, da gar keine Grundlage für eine derartige Ausbildung gegeben ist.

Im zweiten Fall sind die Voraussetzungen schon wesentlich günstiger. Man kann jedem Benutzer einer EDV-Anlage nur den guten Rat geben, rechtzeitig etwas für die Ausbildung neuer Fachkräfte zu tun und die notwendigen Lehrstellen einzurichten.

3.2.2 Der neue Ausbildungsweg

Hier soll stark zusammengefaßt aufgezeigt werden, welchen Weg man gehen und was man lernen muß, um Datenverarbeitungs-Kaufmann zu werden.

Es folgt eine Übersicht über den Inhalt der Ausbildung bei einer Ausbildungszeit von 3 Jahren.

a) Betriebswirtschaftliche Grundlagen

Der Lehrling muß so ausgebildet werden, daß er alle Bereiche im Betrieb seines Lehrherrn kennenlernt, um deren Bedeutung und Aufgaben in der Gesamtwirtschaft zu erkennen. Dazu gehören beispielsweise:

Einkauf,
Auftragskontrolle,
Verkauf,
Fakturierung,
Arbeitsvorbereitung,
Terminplanung und -Kontrollen,
Fertigungssteuerung,
Fertigungsplanung,
Arbeitsablauf-Kontrolle,
Buchführungsarbeiten,
Lohn- und Gehaltsabrechnung,
Kalkulation,
Kostenrechnung,
Betriebsabrechnung,
Statistik.

b) Techniken der Datenverarbeitung

Hierzu gehören Kenntnisse über

den Aufbau (Konfiguration) und die Funktionen von Datenverarbeitungs-Anlagen,

die Art und den Aufbau möglicher Datenträger und Dateien, Schlüsselsysteme und Tabellenverarbeitung,

Zusatzmaschinen und Zusatzgeräte. Dazu gehören zum Beispiel: Datenerfassungsgeräte, Formular-, Trenn- und Schneidemaschinen, konventionelle Lochkartenmaschinen, wie Sortiermaschinen, Beschrifter, Doppler und Mischer.

Vermittelt werden sollen ferner Kenntnisse, die zur Bedienung von Datenverarbeitungsanlagen und dazugehörenden Zusatzgeräten sowie Maschinen befähigen.

c) Programmierung, Datenverarbeitungs-Organisation, betriebswirtschaftliche Anwendung

Aus diesen Bereichen sollen die folgenden Kenntnisse vermittelt werden:

Das Entwickeln von Datenfluß-Diagrammen und Programmablauf-Plänen sowie das Entwerfen von Datenträgern mit einer zweckmäßigen Einteilung.

Kenntnisse über die verschiedenen Programmiersprachen, problem- oder maschinenorientiert.

Kenntnisse in der Anwendung und Entwicklung von Programmiertechniken.

Kenntnisse in der Entwicklung von Formularen.

Kenntnisse über die vorhandene Programm-Bibliothek, in der Benutzung von herstellerbezogenen Standard-Programmen und über das Betriebssystem.

Kenntnisse der englischen Fachausdrücke, die zum besseren Verständnis unbedingt notwendig sind.

Kenntnisse über Programm-Testverfahren, die größtenteils als Bestandteil der Software von den Herstellern der Datenverarbeitungs-Anlagen mitgeliefert werden.

Kenntnisse in der Dokumentation und in der Archivierung von Programmen und Datenträgern.

Kenntnisse über programmierte und organisatorische Kontrollen.

Stärkung der notwendigen Arbeitssicherheit.

Nach erfolgreicher Ausbildung erfolgt eine A b s c h l u ß p r ü - f u n g, die aus drei Teilen besteht:

1. die **praktische** Prüfung mit einer Dauer von ca. 5 Stunden
2. die **schriftliche** Prüfung mit einer Prüfdauer von ca. 5½ Stunden
3. die **mündliche** Prüfung als Ergänzung zum praktischen und schriftlichen Teil.

Die Abschlußprüfung wird nach der Prüfungsordnung der zuständigen Industrie- und Handelskammer durchgeführt.

Eine umfassende Beschreibung mit Berufsbild, Berufsbildungsplan und Prüfungsanforderungen wurde von der Arbeitsstelle für betriebliche Berufsausübung (Bonn) herausgegeben.

Was aus den bisher vorliegenden Unterlagen nicht festgestellt werden konnte, ist, auf welche Weise die Eignung junger Leute festgestellt wird, die Datenverarbeitungs-Kaufmann werden wollen. Hier muß sehr sorgfältig vorgegangen werden. Sind die Weichen erst einmal gestellt und ist der Zug abgefahren, dann ist das Abspringen eine halsbrecherische Angelegenheit, besonders dann, wenn man schon ein Stück mitgefahren ist.

3.2.3 Der bisherige Ausbildungsweg

Eine gezielte Ausbildung gab es bisher für diesen Beruf nicht. Gegenüber dem neuen Ausbildungsweg ist dies sicherlich ein Nachteil.

In der Regel entstand in der Vergangenheit ein Bedarf an Programmierern durch die Installation einer EDV-Anlage, ein Zustand, der sich bis heute nicht geändert hat.

Dieser Bedarf an geschulten Programmierern wurde in den meisten Fällen wie folgt gedeckt:

1. zum Teil durch die Neueinstellung bereits ausgebildeter Programmierer,
2. teilweise durch die Umschulung geeigneter Mitarbeiter, die bereits die fachlichen Kenntnisse besaßen.
   Die Eignung der Ausgewählten für die Datenverarbeitung wurde durch Tests ermittelt, die — wie bereits erwähnt — von den Herstellerfirmen zur Verfügung gestellt wurden.

Die ausgewählten Mitarbeiter der zweiten Gruppe besaßen in der Regel die notwendigen fachlichen Kenntnisse. Eine entsprechende Ausbildung konnte vorausgesetzt werden.

Die gleichen Voraussetzungen konnte man in den meisten Fällen auf die neuen Mitarbeiter anwenden, nur daß sich diese erst mit den Verhältnissen in der neuen Firma vertraut machen mußten.

Verglichen mit dem Datenverarbeitungs-Kaufmann hat es der umgeschulte Mitarbeiter — bezogen auf die Programmierung — nicht so leicht.

Während der Datenverarbeitungs-Kaufmann in einer dreijährigen Lehre systematisch auf die Programmierung vorbereitet werden kann, muß der Umschüler meist einen Kopfsprung wagen und voll in die neuen Probleme eintauchen.

Wenn eine Umstellung von der konventionellen Datenverarbeitung auf die Elektronik erfolgt, dann sind die Schwierigkeiten nicht ganz so groß, weil gewisse Kenntnisse in der Planung von Arbeitsabläufen und der Lochkarten-Technik bereits vorhanden sind.

Eine dritte Gruppe, die bisher noch nicht erwähnt wurde, spielt ebenfalls eine interessante — wenn auch etwas fragwürdige — Rolle. Es sind diejenigen Programmierer, die sich durch die Teilnahme an privaten Lehrgängen — oft Fernkurse — die notwendigen Kenntnisse angeeignet haben oder dies zumindest glauben.

Da auf diesem Gebiet leider eine große Zahl unseriöser Unternehmen tätig ist, denen mehr daran gelegen ist, möglichst schnell an die nicht gerade niedrigen Ausbildungsbeiträge heranzukommen, als echte fundierte Kenntnisse zu vermitteln, sind die Ergebnisse derartiger Kurse oft sehr fragwürdig.

Entscheidend für ein erfolgreiches Abschließen eines derartigen Lehrganges ist grundsätzlich die Eignung für den neu gewählten Beruf. Hier wird von vielen Lehrinstituten in unverantwortlicher Weise gehandelt. Eignungsprüfungen werden gar nicht gemacht oder in einer Form vorgenommen, die zu keinem aussagefähigen Ergebnis führt. Eine Berufsberatung gibt es nicht.

Viele Umschüler — durch hohe künftige Gehaltsversprechungen zur Lehrgangsteilnahme verlockt — können bestenfalls das investierte Geld verlieren, bevor sie aufstecken oder zu ihrer bis dahin ausgeübten Tätigkeit zurückkehren. Manchem bleibt neben den für ihn nutzlosen Lehrgangsunterlagen auch noch ein seelischer Knacks und der Spott der Bekannten.

Schlimm wird es unter Umständen für Programmierer-Kandidaten, die sich mit der bitteren Beharrlichkeit Verzweifelter durch den Berg neuen Wissens hindurcharbeiteten, die ersehnte Stelle als Programmierer erhielten und dann doch noch scheiterten, weil ihre

Fähigkeiten nicht ausreichten oder auf einem anderen Gebiet lagen. Die Schäden, die einer solchen Person widerfahren können, lassen sich in ihren vielfältigen Auswirkungen gar nicht übersehen.

Weil die Folgen so schwerwiegend sein können, kann jedem Interessierten nur geraten werden, erst einmal die erforderliche Eignung durch spezielle Tests feststellen zu lassen, bevor Folgeschritte unternommen werden.

3. 2. 4 Der Programmierer im Betrieb

Je nach Größe der verwendeten EDV-Anlage und nach der Art der EDV-Organisation innerhalb des Betriebes wird der Einsatz von Programmierern unterschiedlich sein. Betont werden muß an dieser Stelle jedoch, daß in diesem Abschnitt nur von Programmierern geschrieben werden soll, die diese Berufsbezeichnung mit Berechtigung führen.

Der Hauptunterschied im Einsatz der Programmierer besteht bei den verschiedensten Firmen darin, daß sie

a) nur reine Programmieraufgaben oder

b) neben der Tätigkeit als Programmierer noch Planungsarbeiten und Aufgaben der EDV-Organisation durchführen.

Die erste Gruppe hat die folgenden Kennzeichen:

1. Mittlerer Computer bis zur Groß-Anlage
2. Eine Abteilung EDV-Planung und Organisation
3. Eine Programmierabteilung

   In dieser Programmierabteilung werden Programmierer nur mit reinen Programmieraufgaben beschäftigt. Die Vorgaben liefert die Abteilung EDV-Planung und Organisation.

Großkonzerne mit mehreren Computern, die möglicherweise noch von verschiedenen Herstellern sind, beschäftigen oft mehr als hundert Organisatoren und Programmierer. Diese arbeiten meist in Gruppen, von denen jede zur Lösung einer bestimmten Aufgabe beiträgt.

Im allgemeinen wird der beste Programmierer einer Gruppe zum Gruppenführer bestimmt. Damit wird er verantwortlich für die Leistung seiner Gruppe. Es ist ganz natürlich, daß die Wertigkeit des einzelnen Programmierers in der Masse gleichartiger Kollegen fast bis zur Bedeutungslosigkeit zusammenschrumpft. Stark ist innerhalb eines Konzernes der genannten Art nur die Gesamtheit aller für die EDV Tätigen.

Die zweite Gruppe findet man hauptsächlich in Betrieben mit folgenden Merkmalen:

1. Kleinere EDV-Anlage
2. Nur zwei oder drei Programmierer, die alles selbst machen. Der erste Programmierer ist dazu meist noch EDV-Leiter.

Natürlich gibt es noch mehr Zusammensetzungen, die — abhängig von der Anzahl der Beteiligten — ganz verschieden sein können. In einem weiteren Abschnitt soll näher darauf eingegangen werden.

Je weniger Personal der Abteilung EDV angehört, um so mehr verlagert sich der Ruf, Außergewöhnliches zu vollbringen auf die mit ihr verbundenen Personen. Das gleiche gilt für die berechtigte oder unberechtigte Kritik, die zuweilen geäußert wird.

Die Position eines EDV-Organisators oder Programmierers ist innerhalb eines kleinen Betriebes viel stärker als in einem Groß-Unternehmen, weil ihre Bedeutung innerhalb des Hauses naturgemäß größer ist. EDV-Organisatoren und Programmierer sind — bedingt durch den Charakter ihrer Arbeit — gezwungen, ihre Aufgaben genau zu analysieren, bevor sie überhaupt daran denken können, die Arbeit an den Programmen selbst aufzunehmen.

Der unumgängliche Zwang, die Probleme in der Tiefe ihrer Bedeutung erfassen zu müssen, ist die Basis aller planerischen Mühsal und Kleinarbeit, gleichzeitig aber auch der Flügel, der über die Kenntnisse des normalen konventionellen Standardwissens erhebt. Während sich der normale Sachbearbeiter einer Abteilung kaum noch Gedanken über seine Arbeit macht und nur noch selten fragt, warum dieses oder jenes geschieht, können Programmierer auf die genaue Kenntnis sämtlicher Einzelheiten nicht verzichten. So steht am Anfang jeder Datenverarbeitung überhaupt die Ermittlung des IST-Zustandes. Bei der Feststellung des Ist-Zustandes wird alles zusammengetragen, was wissenswert und für die Programmierung unbedingt notwendig ist.

Auf diese Weise wird oft erstmals in einer Firma analytisch-kritisch das Geschehen unter die Lupe genommen. Eine Fülle an Fachwissen, das bisher auf eine größere Zahl von Mitarbeitern verteilt war, liegt nun konzentriert vor einem oder wenigen.

In der folgenden Aufzählung werden die Bedingungen genannt, die dazu beitragen, daß Programmierer und EDV-Organisatoren oft schon nach kurzer Zeit die Zusammenhänge besser überblicken als die langjährigen Mitarbeiter, die oft nur den Teil eines Aufgabenbereiches sehen, der sie selbst betrifft.

1. Das bewußte Zusammentragen von Informationen mit dem Ziel, einen optimalen automatischen Ablauf zu erreichen (Informationen aus den einzelnen Fachbereichen).
2. Die Erarbeitung des Planungszieles (SOLL-Zustandes).
3. Das Entwerfen von Arbeitsanweisungen, Formularen und Programmen, mit deren Hilfe die Arbeiten künftig durchgeführt werden sollen.
4. Die Fachdiskussionen zwischen Organisatoren und Programmierern.
5. Das Zusammenstellen von Testdaten.
6. Das Schreiben und Testen einzelner Programme.
7. Das Testen funktionsabhängiger Programme.
8. Die Fähigkeit, Zusammenhänge zu erkennen, Datenmengen abzuschätzen und Programm-Laufzeiten im voraus zu berechnen, eine Fähigkeit, die mit zunehmender Erfahrung an Tiefe und Bedeutung gewinnt.
9. Das Arbeiten in einem Team, in dem ein reger Erfahrungsaustausch stattfindet und in dem keiner aus seinem Wissen ein Geheimnis macht.

Diese Aufzählung bezieht sich selbstverständlich nur auf Lösungen von Aufgaben aus nicht wissenschaftlichem Bereich.

Zur Lösung wissenschaftlicher Probleme bedarf es zusätzlich noch des nötigen Fachwissens.

Mit dem Anlaufen der Programme und der Übernahme der Arbeiten durch den Computer beginnt ein Stadium, das den Programmierern gegenüber den anderen Angestellten zusätzliche Vorteile bringt und ihre Positionen noch verstärkt. Weiß doch niemand außer ihnen, wie man mit dem Instrument »Computer« umgehen muß.

Ihr Einfluß muß zwangsläufig immer größer werden, denn

die Wirkungen der neuen Organisationsform durchdringen mehr und mehr alle Teile des Betriebes;

die Geschäftsführung und die Leiter der einzelnen Fachabteilungen werden für Änderungen, Erweiterungen und zur Erläuterung des bestehenden Systems immer mehr den Rat der Spezialisten benötigen;

die EDV-Leute sitzen an der Datenquelle und sind in dringenden Fällen am ehesten in der Lage, verläßliche Informationen zu geben, bzw. Ergebnisse zu erzeugen;

durch den ständigen Umfang mit den aktuellsten Informationen gewinnen die EDV-Spezialisten einen genauen Überblick über das Geschehen in der Firma;

durch die Automation und Rationalisierung entsteht in den meisten Fällen eine Verringerung an altem Personal und damit eine Minderung an Erfahrung und Wissen im Bereich der Nicht-Spezialisten;

den modernen Methoden der Zusammenarbeit in einem EDV-Team sind die teilweise veralteten herkömmlichen Arbeitsweisen unterlegen.

Unter anderem bereiten Programmierer auch Personalprobleme, die an keinem Geschäftsführer und keinem EDV-Leiter vorbeigehen. Die Ursachen und die folgende Entwicklung werden anschließend erläutert.

Die ersten Probleme mit den Programmierern beginnen mit der Umstellung auf die EDV. Hier bereiten sie anfangs Sorgen, weil man sie noch nicht hat (die Programmierer).

Solange noch eine große Nachfrage nach Programmierern besteht, wird — trotz des neuen Ausbildungsweges zum Datenverarbeitungs-Kaufmann — jede Firma, die auf EDV umstellt, auf geeignete Betriebsangehörige zurückgreifen, die sich in der Vergangenheit bewährt haben und ihr Arbeitsgebiet beherrschen.

Es wird vorausgesetzt, daß die geeigneten Mitarbeiter durch bewährte Tests ausgesucht werden.

Für diese Ausgewählten beginnt anschließend eine harte Zeit, die man auf die folgende Weise einteilen kann:

1. Umschulung zum Programmierer

In dieser Phase werden Lehrgänge der Hersteller besucht.
Es wird folgendes gelehrt:

a) mindestens eine Programmiersprache (RPG oder ASSEMBLER)
zusätzlich eventuell — je nach Zielsetzung und Konfiguration der Anlage FORTRAN, COBOL oder PL 1;

b) Grundkenntnisse über das Betriebssystem, das den bestellten Computer steuern soll, der Aufbau von Steuerkarten und die Bedienung der Anlage;

c) Planen und Einrichten von Dateien für die verschiedensten Arten von Datenträgern, wie Lochkarten, Magnetband, Magnetplatte, Lochstreifen usw.

Die Zeit, die für die Erarbeitung des Grundwissens notwendig ist, dauert — abhängig vom Hersteller, System und dem Umfang des zu vermittelnden Wissens — ca. 2 bis 8 Wochen.

Nach diesen Lehrgängen sind die im Schnellverfahren mit neuem Wissen aufgeladenen »Programmierer« mehr verwirrt als einsatzbereit. In der Regel brauchen sie erst einmal zusätzliche zwei bis drei Wochen, um die neuen Informationen zu verarbeiten.

2. Einarbeitung der Programmierer

In dieser Entwicklungsphase sind die neuen Programmierer zwar noch unbeschriebene Blätter, dafür sind sie aber eifrig und von einem Fleiß, der unermüdlich zu sein scheint.

Während der Einarbeitungszeit mit den ersten Programmierarbeiten und somit ersten echten Forderungen trennt sich meist noch die Spreu vom Weizen, wenn die Auslese nicht gründlich genug war.

Wird festgestellt, daß eine ausgewählte Person den Anforderungen trotz großen Fleißes nicht genügt, dann sollte man nicht aus falscher Rücksichtnahme das Arbeitsverhältnis in der geplanten Weise fortsetzen. Es dient weder der Firma noch dem Angestellten, auch wenn es dieser im Augenblick nicht einsieht. Es ist besser, ein guter Operator zu werden, der seine Arbeit mit Zufriedenheit ausführt, als ein schlechter Programmierer, dessen Nerven den harten Anforderungen der Praxis sicher nicht standhalten.

Während der Einarbeitungszeit werden in der Regel die folgenden Arbeiten gemacht:

Das Planen von Arbeitsabläufen
Das Planen von Programmen
Das Erstellen von Flußdiagrammen
Das Erstellen von Blockdiagrammen
Das Kodieren der geschriebenen Programme
Das Erstellen von Testdaten unter Verwendung der erforderlichen Datenträger
Das Umwandeln und Testen von Programmen
Das Suchen und Beseitigen von Programmfehlern
Der Umgang mit dem Computer während der Testphasen

Die Einarbeitungszeit für Programmierer läßt sich nicht genau begrenzen und von vornherein bestimmen. Sie ist abhängig von den folgenden Faktoren:

1. Von der Fähigkeit des einzelnen Programmierers,
2. von der Größe der bestellten Anlage,
3. von der Art und der Größe der ersten Programme,
4. von der Zeit, die bis zum ersten echten Testlauf im Rechenzentrum eines Herstellers oder auf der eigenen Anlage vergeht,
5. von der Zeit, die vom Beginn der Programmierarbeit bis zur Auslieferung der Anlage vergeht,
6. vom technischen Verständnis der betreffenden Personen.

Vom ersten Bleistiftstrich bis zur Auslieferung der Anlage vergehen im allgemeinen mehrere Monate (bis zu ca. 18 Monate). Diese Zeitspanne scheint sehr groß zu sein, in Wirklichkeit ist sie es jedoch nicht.

Abhängig von der Größe der Anlage, von der Art und vom Umfang der durchzuführenden Arbeiten kann die Zeit von 18 Monaten für die Erledigung aller geplanten Organisations- und Programmierarbeit bei weitem zu kurz sein.

Laien denken oft, daß ein Computer alles machen kann und daß er es so einfach von sich aus tut. Das ist leider ein Trugschluß, der im Normalfall keine nachteiligen Folgen hat.

Zu Mißverständnissen, Schwierigkeiten und sogar ernsten Differenzen kann es jedoch kommen, wenn EDV-Laien und -Fachleute beruflich miteinander zu tun haben. Auf diese Probleme wurde bereits hingewiesen.

Mit der Lieferung der EDV-Anlage — oder einige Wochen danach — ist im allgemeinen die Einarbeitungszeit abgeschlossen. In diesem Stadium weiß jeder Programmierer erst richtig, was programmieren überhaupt heißt.

3. Die Zeit der Reife

Nach ungefähr zwei Jahren praktischer Arbeit sind die Programmierer fertig, oder sie fühlen sich zumindest so.

Natürlich ist die Entwicklung der einzelnen, abhängig von Eignung, Fleiß, Aufgabenbereich und anderen Einflüssen, unterschiedlich verlaufen.

Man kann jedoch feststellen, daß sich bei fast allen in etwa gleicher Stärke das Selbstbewußtsein, die Sicherheit und ein deutlich wahrnehmbarer Berufsstolz entwickelt haben.

Wenn man einen guten Kontakt zu einer solchen Gruppe hat, dann spürt man deutlich diesen Geist, der ein solches Team beseelen kann. Unter der Führung eines guten und klugen Managers, der es versteht, Ziele zu setzen und anzuspornen, können Kräfte mobilisiert und Leistungen erbracht werden, die erstaunlich sind.

Diese Einstellung zum Beruf — gepaart mit einem gesunden Ehrgeiz — bringt die Programmierer voran und läßt sie andere überrunden.

Abhängig von der Größe der angemieteten Anlage und dem organisatorischen Aufbau der EDV-Abteilung beginnt für manchen Programmierer die Zeit der Spezialisierung. Es bieten sich die folgenden Tätigkeitsbereiche an:

1. die Systemprogrammierung
2. die EDV-Organisation

Zu 1.

Im Gegensatz zu den Programmierern, die problemorientierte Programme schreiben, beschäftigen sich die System-Programmierer mit der sinnvollen Nutzung der vom Hersteller gelieferten System- und Anwendungsprogramme der verschiedenen Klassen.

Erst die gründliche Kenntnis des oft sehr umfangreichen Software-Paketes macht in vielen Fällen optimale Problemlösungen überhaupt möglich.

Zu den Aufgaben eines System-Programmierers gehören unter anderem die folgenden Arbeiten:

1. Die Generierung und Wartung des Betriebs-Systemes.
2. Das Einrichten und Pflegen von Programmbibliotheken, die problemorientierte Programme zum Inhalt haben.
3. Das Studium der vom Hersteller gelieferten standardisierten Anwendungsprogramme mit dem Ziel, diese Systemunterstützung so zu nutzen, daß eine eigene Programmierung nach Möglichkeit eingeschränkt werden oder ganz entfallen kann.
4. Die Unterweisung der Problem-Programmierer und Operators.

    Diese werden mit den Dingen vertraut gemacht, die

    a) notwendig sind, um Problem-Programme unter der Leitung des Betriebssystems laufen zu lassen;

    b) eine übersichtliche und einfache Bedienung des Computers erlauben.

Dazu gehört das Erstellen von Steuerkarten für Sortier-, Misch- und RPG-Programme.

RPG ist die Abkürzung für »REPORT PROGRAM GENERATOR«, einem Compiler-Programm, das mit Hilfe von Steuerkarten, die eine fest vorgegebene Einteilung und Bedeutung haben, ein Programm in Maschinensprache erzeugt und dieses in Lochkarten abstanzt oder auf einem anderen geeigneten Datenträger (z. B. Magnetplatte oder Magnetband) ausgibt.

Zu 2.
Während die Tätigkeit eines Programmierers — vorausgesetzt, er arbeitet an der Fertigstellung problemorientierter Programme — direkt darauf gerichtet ist, alles computergerecht aufzubereiten und die Arbeit auf die Maschine zu bringen, beschäftigt sich der EDV-Organisator mehr mit dem Sammeln und Aufbereiten von Fakten für die Programmierung. Die Tätigkeiten sind im Abschnitt 3.3 (Die EDV-Organisatoren) aufgeführt.

3.2.5 Personalprobleme mit Programmierern

Die Zeit des Reifwerdens ist auch eine Zeit der Probleme und Krisen. Das trifft leider auch auf die Programmierer und ihre Entwicklung zu.

Wie auch bei anderen Entwicklungsvorgängen fühlen sie sich reif für große Aufgaben oft auch dann, wenn die Wirklichkeit mit den eigenen Vorstellungen nicht übereinstimmt.

In der Praxis kommt es oft vor, daß mit dem Abschluß der Einarbeitungszeit und nach den ersten Monaten des Computereinsatzes die Arbeitsverträge mit den Programmierern und Organisatoren auslaufen. Diese haben meist eine Vertragsdauer von zwei bis drei Jahren.

Sinn dieser Verträge sind hauptsächlich folgende Gründe:

a) Sicherung der notwendigen Arbeitskräfte zur Erreichung des gesteckten Planungszieles;

b) Festlegung des Ausbildungsweges zur Erlangung der notwendigen Kenntnisse;

c) Fixierung von Kündigungsfristen, Terminen und eventuellen Schadensforderungen an den Arbeitnehmer, falls dieser vorzeitig das Arbeitsverhältnis kündigt.

Die Arbeitgeber wollen auf diese Weise verhindern, daß Gelder, die für die Ausbildung und Umschulung ausgegeben wurden, verloren gehen;

d) zur Sicherung der Konkurrenzfähigkeit Einbau von Konkurrenzklauseln, um eine Abwanderung des Personals zur Konkurrenz zu vermeiden.

Dies geschieht hauptsächlich dann, wenn den Angestellten ein Spezialwissen vermittelt wurde. In der letzten Zeit verliert dieser Punkt jedoch immer mehr an Bedeutung, da die Zahl der Computer und der Programmierer immer größer wird.

Diese Verträge sehen so aus, als seien sie nur für den Arbeitgeber gemacht worden. Das ist jedoch nicht so.

Manchem Arbeitnehmer wurde und wird trotz des neuen Ausbildungsweges als »Datenverarbeitungs-Kaufmann« wohl auch noch in Zukunft eine einmalige berufliche Chance geboten. Sie nehmen dafür eine vertragliche Bindung von zwei bis drei Jahren gern in Kauf.

Mit den wachsenden Kenntnissen, dem größeren Selbstvertrauen und der längeren Betriebszugehörigkeit bildet sich bei den neuen Spezialisten mit absoluter Sicherheit bald die Meinung, daß sie »unterbezahlt« sind. Jeder Arbeitgeber, der es versäumt, vertraglich Gehaltserhöhungen zuzusichern oder der es unterläßt, die Gehälter laufend anzugleichen, weil er glaubt, durch die gegebene Ausbildung genug getan zu haben, wird eine bittere Enttäuschung erleben, wenn die Verträge auslaufen.

Programmierer und EDV-Organisatoren waren, sind und werden auch in Zukunft — und das vielleicht noch in verstärktem Maße — Mangelware sein.

Das Schlimmste ist, daß sie es auch wissen und die Situation ausnutzen. Eine kluge Personalleitung wird dafür sorgen, daß vertretbare Gehaltswünsche erfüllt werden, bevor man sie äußert.

Ein guter Programmierer oder EDV-Organisator, der nach zwei bis drei Jahren aus einer Firma ausscheidet, weil eine zumutbare Gehaltsaufbesserung nicht erfolgte, ist ein echter Verlust. In der Regel gehen die Besten zuerst. Sie sind schwer zu ersetzen. Den neuen Leuten, die für sie eingestellt werden, muß man fast immer ein Gehalt zahlen, das noch über den Forderungen der Ausgeschiedenen liegt.

Zu allem Übel brauchen die Neuen oft einige Monate Einarbeitungszeit, bis sie den Überblick wie ihre Vorgänger haben und deren Leistung erbringen. Der Schaden ist oft nicht abzusehen, weil in derartigen Situationen nicht nur einer betroffen ist, sondern meistens die ganze Fachgruppe in Bewegung gerät.

In der Praxis hat es schon Kündigungswellen gegeben, die die Gruppen Planung und Programmierung um mehr als die Hälfte der beschäftigten Personen verringerte.

Die Gehaltserhöhungen, die in derartigen Situationen zur Rettung der Lage bewilligt werden, gibt man zu allem Übel oft auch noch den verkehrten Leuten, da die anderen ja schon fort sind.

Durch die Beachtung der folgenden Dinge kann man viel Geld und Ärger sparen:

1. Glauben Sie bitte nicht, daß Sie nach der Umstellung auf die EDV und nach Fertigstellung der Hauptprogramme Ihren Bestand an Programmierern verringern können.
   Versprechungen dieser Art — von Vertretern der Computer-Hersteller gemacht — haben sich nur sehr selten erfüllt. Das genaue Gegenteil ist die Regel.
2. Verfolgen Sie genau die Entwicklung der einzelnen Mitarbeiter.
3. Glauben Sie bitte nicht, daß Sie mit der Umschulung der einzelnen genügend getan haben. Die Mitarbeiter müssen auch nach dem Anlauf des neuen Systems weitergebildet und geschult werden. Seminare und Erfahrungsaustausch mit Fachkräften aus anderen Firmen wirken hier wahre Wunder.
4. Überlegen Sie sich beizeiten, welche Aufstiegsmöglichkeiten Sie Ihren guten Mitarbeitern anbieten können, und versäumen Sie es nicht, diese rechtzeitig von Ihren Möglichkeiten zu unterrichten.
5. Machen Sie keine Versprechungen, die nicht zu halten sind.
6. Sie müssen damit rechnen, daß Fachkräfte Sie verlassen. Sorgen Sie deshalb rechtzeitig für Nachwuchs.
   Es bieten sich hierzu an:
   a) Junge Datenverarbeitungskaufleute
   b) geeignete Maschinenbediener (Operators)
   c) andere Betriebsangehörige mit entsprechendem Interesse und Fähigkeiten.
7. Überprüfen Sie laufend die Gehälter, und unternehmen Sie rechtzeitig etwas.
8. Zahlen Sie nach Leistung und lassen Sie sich nicht durch Gefühle leiten.

3.3 Die EDV-Organisatoren

Über die EDV-Organisatoren spricht man im allgemeinen nicht soviel wie über die Programmierer. Das kommt wahrscheinlich daher, daß der Unterschied zwischen den beiden Berufen, deren Grenzen nicht immer sichtbar und eindeutig verlaufen, allgemein nicht wahrgenommen wird.

Dem Betrieb bereiten die EDV-Organisatoren weniger Probleme, weil ihre Entwicklung einen Stand erreicht hat, der nicht mehr große Überraschungen zuläßt. Die Sturm- und Drangperiode der Anfängerzeit ist vorbei. Die Ereignisse überschlagen sich nicht mehr, und die Entwicklung wurde in ruhigere Bahnen gelenkt. Damit soll nicht gesagt sein, daß für die Zukunft keine Chancen mehr gegeben sind.

Fast jeder EDV-Organisator ist einmal Programmierer gewesen. Er hat sich mit diesem Beruf die Kenntnisse erworben, die Basis für die Tätigkeit eines EDV-Organisators sind.

EDV-Organisatoren, die diese Entwicklungsphase — bedingt durch die gegebenen Umstände — überspringen, sollten sich keineswegs glücklich schätzen. Ihnen wird ein wichtiger Bestandteil ihres beruflichen Werdeganges fehlen, eine Lücke, die nur mühevoll geschlossen werden kann.

Vergleichbar ist diese Situation eines Organisators etwa mit der Lage eines Autofahrers, der zu schnell und einfach (mit relativ wenig Fahrstunden) zu seinem Führerschein gekommen ist. Er wird sich unsicher auf den Straßen bewegen und unter Umständen durch seine Fahrweise andere Verkehrsteilnehmer gefährden.

Im Abschnitt 3.24 (3. Zeit der Reife zu 2.) wurde bereits ausgeführt, daß die Aufgabe von EDV-Organisatoren mehr darin besteht, Fakten zu sammeln und die Vorgaben für die Programmierung zu schaffen.

Es handelt sich im allgemeinen um die folgenden Tätigkeiten:

1. Die Ermittlung des IST-Zustandes

Dazu gehört unter anderem:

a) Eine Feststellung der Datenmenge, bezogen auf Stammdaten,

b) die Menge der Bewegungsdaten, die innerhalb eines bestimmten Zeitraumes wie Tag, Woche, Monat oder Jahr anfällt.

2. Das Zuordnen der Datenträger und der Ein- und Ausgabeeinheiten zu den verschiedenen Dateien

Hierbei ist bereits an eine Lösung zu denken, die unter möglichst optimaler Nutzung der vorhandenen Maschinen-Konfiguration eine möglichst kurze Laufzeit der künftigen Programme gewährleistet.

Da Computerzeit sehr kostbar ist, verdient dieser Punkt schon bei der Planung besondere Aufmerksamkeit. Der Organisator muß daher genau die Zugriffszeiten und die Arbeitsgeschwindigkeit der verschiedenen Maschinen kennen.

Die Häufigkeit der Zugriffe ist mitentscheidend für die Dauer der Laufzeit. Sie wird bestimmt durch die Anzahl der Belege, die zu verarbeiten sind, durch die Verarbeitungsfolge und die Dateiorganisation.

3. Die Planung des Aufbaues der verschiedenen Datensätze für

Magnetplatte
Magnetbänder
Magnetstreifen
Lochstreifen
Lochkarten u. dgl.

Dies kann sich nur auf ein Programm beziehen, unter Umständen jedoch mehrere Programme eines Projektes (zum Beispiel Bestellwesen) betreffen.

4. Das Erstellen einer Programmbeschreibung,

die alle Angaben enthält, die ein Programmierer benötigt, um das gewünschte Programm zu schreiben.

5. Das Zusammenstellen umfassender Testdaten und Testergebnisse,

die so durchdacht sein sollten, daß sie nach Möglichkeit alle Programmphasen durchlaufen und alle Funktionen testen. Der Weitergabe von Daten von Programm zu Programm muß ebenfalls besondere Aufmerksamkeit geschenkt werden. Da oft schon ein fehlendes oder falsches Vorzeichen in einem Datenfeld zu einem Fehler im Folgeprogramm führen kann, sind genaue Datensatzbeschreibungen für Gesamt-Tests besonders wichtig.

6. Programmbesprechungen mit den verschiedenen Programmierern, die an einem Projekt arbeiten

7. Die Beratung von EDV-Interessenten und Erstellen von Kostenvoranschlägen für

Planungsarbeiten,
Programmierung und
Verarbeitung von Daten.

Diese Aufgaben hat ein EDV-Organisator jedoch nur dann, wenn das Rechenzentrum, für das er arbeitet, EDV-Arbeiten für Fremdmandanten leistet.

Programmierer, die ehrgeizig sind und weiterkommen wollen, möchten vor allem EDV-Organisatoren werden.

Erst danach erstreben sie Tätigkeiten als System- oder Chefprogrammierer. Als EDV-Organisator hat man nach ihrer Meinung größere Entwicklungsmöglichkeiten, während man durch eine Spezialisierung, die nur in der Programmierung liegt, in eine Sackgasse gerät, aus der man nur schlecht wieder heraus kann.

Welche Möglichkeiten zur beruflichen Weiterentwicklung bieten sich einem EDV-Organisator?

Es sind die folgenden:

1. Der Aufstieg zum **Gruppen-** oder **Projektleiter** innerhalb der Abteilung EDV-Organisation.

2. Die Übernahme einer Tätigkeit als **Systemanalytiker** im Dienste eines Herstellers von EDV-Anlagen oder eines Beratungsunternehmens.

3. Die Übernahme einer Position als **Leiter einer Abteilung »EDV-Organisation«**.

4. Bei entsprechender Vorbildung die Übernahme einer Stellung als **Leiter der Abteilung »Betriebsorganisation«**.

   In dieser Position vereint sich die allgemeine Betriebsorganisation mit der EDV-bezogenen.

   In einer Firma, die einen Computer einsetzt, muß die allgemeine Betriebsorganisation darauf Rücksicht nehmen und entsprechend ausgerichtet sein. Nicht selten bietet eine Position als Leiter der Abteilung »Organisation« wiederum die Möglichkeit, in die Geschäftsführung bzw. den Vorstand aufzusteigen.

Die Möglichkeiten, die hier gegeben sind, sind sehr zahlreich und werden von vielen tüchtigen Fachkräften genutzt.

3.4 Die Operators

Die Bezeichnung O p e r a t o r hat das Wort »M a s c h i n e n b e d i e n e r« verdrängt. Es ist aus dem täglichen Sprachgebrauch genauso verschwunden wie das Wort »Putzfrau«.

Während sich von der »Putzfrau« zur »Raumpflegerin« bzw. »Raumkosmetikerin« eine echte Veredlung der Berufsbezeichnung ergeben hat, ist dies zwischen »Maschinenbediener« und »Operator« nicht der Fall. Hier wurde lediglich für ein deutsches Wort ein englisches verwendet, das genau die gleiche Bedeutung hat.

Trotzdem liegt eine deutliche Aufwertung in dieser Bezeichnung. Der Vorzug, den »Operator« vor »Maschinenbediener« genießt, liegt wahrscheinlich in seiner Kürze und Einfachheit. Im Gegensatz zur Arbeit der Raumpflegerinnen hat die Tätigkeit der Operators eine echte Aufwertung erfahren. Sie sind schon lange keine Maschinenbediener mehr, die Frauen und Männer, die dafür sorgen, daß ein Computer möglichst optimal genutzt wird. Computer sind nicht billig. Die Mietkosten — auf die Stunde umgerechnet — betragen oft mehrere hundert Mark und können bei Großanlagen tausend DM bei weitem übersteigen.

Es versteht sich von selbst, daß diesen Kosten Leistungen gegenüberstehen müssen, die den Einsatz einer solchen Anlage rechtfertigen. Keine Fluggesellschaft wird ihre immer schneller, größer und teurer werdenden Düsenmaschinen und ihre Fluggäste einem Flugpersonal anvertrauen, das nicht die notwendigen Voraussetzungen und die speziellen Kenntnisse besitzt. Alles muß zusammenpassen. Die Verhältnisse müssen stimmen, wenn es keine Pannen und Pleiten geben soll.

Auch ein Computer ist zu teuer, um ihn ungeeignetem Personal zu überlassen. Das erforderliche Wissen zur einwandfreien Bedienung einer solchen Anlage wird immer umfangreicher und macht eine gezielte gründliche Schulung aller Operators notwendig. Durch

Multiprocessing,
Direktverarbeitung,
Teleprocessing und
die immer größer und wirkungsvoller werdenden Betriebssysteme

werden die Anforderungen immer größer.

Operators, und zwar gerade die besten unter ihnen, haben eine große Schwäche, die jeder Maschinensaal- oder Rechenzentrums-Leiter fürchtet: sie wollen Programmierer werden.

Die Lage ist vertrackt. Immer dann, wenn ein Leistungsstand erreicht wurde, der die Verantwortlichen aufatmen lassen könnte, dann entstehen mit anscheinend nicht vermeidbarer Sicherheit Personalprobleme, die beunruhigend sind. Wenn man die Situation bedenkt, dann wird man feststellen, daß diese Entwicklung ganz natürlich ist. Sie wird immer dort entstehen, wo Menschen arbeiten, die ehrgeizig sind und im Beruf weiterkommen wollen.

Jeder Leiter einer EDV-Abteilung sollte dies wissen und sich entsprechend verhalten.

Der ideale Operator hat die folgenden Merkmale:

Seine Arbeit macht ihm Freude.

Er hat einen großen Wissensdurst und arbeitet an der Vervollständigung seiner beruflichen Fähigkeiten.

Er beherrscht die englischen Fachausdrücke. Fachbücher liest er ohne Schwierigkeiten.

Selbst Schichtarbeit kann die Freude an seinem Beruf nicht trüben.

Er ist technisch begabt und läßt sich durch den größten und kompliziertesten Computer nicht schrecken.

Mit dem Betriebssystem kann er gut umgehen.

Sortier-, Misch- und andere Hersteller-Software-Programme beherrschen nicht ihn, sondern er sie.

Er kann auch mit den noch verbliebenen konventionellen Maschinen umgehen und kann Schaltungen stecken.

Er weiß die Möglichkeiten des von ihm betreuten Computers geschickt zu nutzen.

Er will nicht unbedingt Programmierer werden, sondern er ist mit seiner augenblicklichen Tätigkeit zufrieden.

Gut dran ist die Firma, die eine ausreichende Zahl derart veranlagter Mitarbeiter hat, die dazu noch jung sind und über eine gute Gesundheit verfügen. Besonders der letzte Punkt hat — sofern er zutrifft — auf die Gemüter verantwortlicher Führungskräfte eine balsamische, beruhigende und sehr beglückende Wirkung.

3.5 Die Datenerfasserinnen

3.5.1 Allgemeines

Für diesen Beruf gibt es mehrere Bezeichnungen. Diese stehen in enger Beziehung zu den Datenträgern, die erstellt werden. Die folgenden werden angewendet:

1. Die Locherin — Prüferin

Sie erstellen Lochkarten für die weitere automatische Verarbeitung durch konventionelle oder elektronische Datenverarbeitungsmaschinen.

Zur Sicherung einer guten korrekten Datenerfassung werden die gelochten Karten in einem zweiten Arbeitsgang geprüft. Das Prüfen ist dem Lochen ähnlich. Die Daten werden zum zweiten Male eingetastet und maschinell mit den nun abgelochten Informationen in der Lochkarte verglichen.

Wenn bei diesem Vorgang ein Fehler festgestellt wird, dann stockt die Maschine und zeigt eine fehlerhafte Kartenspalte an. Die falsch gelochte Karte muß durch eine richtige Korrekturkarte ersetzt werden.

2. Datentypistin, Datistin, Datenerfasserin

Diese drei Berufsbezeichnungen werden in der Regel verwendet, wenn man von Datenerfasserinnen spricht, die keine Lochkarten erstellen.

Die Datenträger, die durch ihre Arbeit entstehen, können die folgenden sein:

    a) L o c h s t r e i f e n mit variablem Satzaufbau.
       Die Zahl der verwendeten Streifenkanäle kann den Bedürfnissen angepaßt werden.

    b) O p t i s c h   l e s b a r e   S t r e i f e n, die wie Tippstreifen an einer Additionsmaschine entstehen. Auch ihr Aufbau kann variabel sein.

    c) E i n   M a g n e t b a n d, dessen Einteilung beliebig sein kann. Dieses Band kann in einer Spezialkassette enthalten sein, die eine automatische Verarbeitung der erfaßten Daten ermöglicht oder es wird auf eine normale Magnetbandspule aufgewickelt. Mit Hilfe einer »Datenerfassungsstation« können mehrere Erfasserinnen, von denen jede eine Erfassungsmaschine bedient, gemeinsam Daten gleichzeitig auf ein Magnetband schreiben, das sich auf einer zentralen Bandeinheit befindet.

       Eine Prüfung der eingetasteten Daten durch ein nochmaliges Eingeben ist — ähnlich wie beim Lochen — möglich. Falsche Informationen können korrigiert werden.

    d) Die Daten werden über die T a s t a t u r   v o n   B i l d s c h i r m g e r ä t e n   d i r e k t   i n   d e n   S p e i c h e r   e i n e s   C o m p u t e r s   e i n g e g e b e n.

Die Steuerung der Eingabe und die Prüfung der eingetasteten Informationen erfolgt durch ein für diesen Zweck geschriebenes Programm, das ständig im Computer ist.

Es werden nur Daten verarbeitet, die vollständig und richtig sind. Die notwendigen Prüfungen werden während des Eintastens vom Computer gemacht.

Von der Qualität der Datenerfassung hängt die gesamte Datenverarbeitung ab. Je besser also die Datenerfasserinnen sind, um so besser sind die Ergebnisse, die mit Hilfe des Computers erarbeitet werden können.

In der Berufsbezeichnung »Datenerfasserin« findet man schon einen Hinweis zur erfolgreichen Ausführung dieser Tätigkeit. Damit soll gesagt werden, daß Datenerfasserinnen auch wirklich nur Daten erfassen müssen, wenn ihre Leistungen zufriedenstellend sein sollen. Wenn die Datenerfassung nicht direkt vom Originalbeleg erfolgt, dann sollten die Ablochbelege so gestaltet werden, daß sie ablochgerecht sind und eine folgerichtige Datenerfassung zulassen.

Unter folgerichtiger Datenerfassung ist zu verstehen, daß die Informationen auf den Erfassungsbelegen in der gleichen Folge aufgezeichnet wurden, in der sie erfaßt werden müssen (von links nach rechts). Wenn die Daten in der gewünschten Folge nicht vorliegen, dann sind die Erfasserinnen gezwungen, Augen- und Gedankensprünge zu machen. Dies führt zwangsläufig dazu, daß sich mehr Fehler einschleichen und die Qualität der erfaßten Informationen schlecht ist.

Sollte sich eine Erfassung der Daten vom Originalbeleg nicht vermeiden lassen, dann muß auf jeden Fall dafür gesorgt werden, daß der Aufbau der Belege so ist, daß eine Datenerfassung so einfach wie möglich durchführbar wird.

Notwendige Kontierarbeiten sollten von Fachkräften erledigt werden, die davon mehr verstehen. Kontierung und Datenerfassung werden sinnvoll nur dann von einer Person ausgeführt werden können, wenn die Menge der zu erfassenden Daten relativ klein ist.

3.5.2 Sorgen mit den Datenerfasserinnen

Datenerfasserinnen sind für die Leiter von Datenverarbeitungsabteilungen ebenfalls nicht ohne Probleme. Sie haben meist nicht den Drang, eine steile berufliche Karriere zu machen. Die Ursachen, die zu Problemen mit ihnen führen, sind von anderer Art, deshalb jedoch nicht weniger wirksam. Sie sind hauptsächlich begründet im Geschlecht und im Alter.

Da Datenerfasserinnen meist jung sind, bereiten sie personelle Sorgen durch Heiraten, Kinderkriegen, Frauen- und typische Berufskrankheiten, Schwierigkeiten im Verhältnis zu Kollegen, Kolleginnen und Vorgesetzten.

Es ist nicht einfach, eine Gruppe von Datenerfasserinnen so einzusetzen, daß eine ausgezeichnete Leistung erzielt wird. Ein Mann als Leiter der Arbeitsgruppe Datenerfassung hätte eine schier unlösbare Aufgabe zu vollbringen, wenn er sich vorgenommen hätte, sich seinen »Damen« gegenüber durchzusetzen. Wehe, wenn er schwach wird. Weit schlimmer noch, wenn er eine oder einige begünstigt. In einem Erfassungssaal gibt es keine Geheimnisse. Die Wahrheit ist bald heraus. Die Antennen sind gut, und die Mädchen haben ein ausgeprägtes Gespür für »interessante« Dinge.

Das Bedürfnis, sich mitzuteilen, von anderen und eigenen Erlebnissen zu berichten und zu erobern, ist immer da. Privat weiß jede über jede Bescheid. Die Sorgen und Nöte im Verhältnis mit Freunden, Ehemännern, Freundinnen, Eltern, ehelichen und unehelichen Kindern kennt man. Einen Sack Flöhe zu hüten, scheint manchem nicht schwieriger zu sein, als eine derart zusammengesetzte Arbeitsgruppe auf das gesteckte Arbeitsziel auszurichten und eine vernünftige Leistung zu erreichen.

Dies kann wahrhaft nur einer Frau mit außergewöhnlichen Eigenschaften gelingen. Diese zu entdecken und zu erkennen, bedarf schon eines ausgeprägten Scharfsinnes und einer ausgezeichneten Menschenkenntnis.

Wie muß nun eine Frau veranlagt sein, die von ihren Mitarbeitern gleichermaßen akzeptiert, verehrt und gefürchtet wird?

Sie muß die folgenden Eigenschaften und Fähigkeiten in sich vereinen:

Die **absolute Beherrschung aller Aufgaben** aus dem fachlichen Bereich.

Ein **exaktes Wissen** um die Leistungsfähigkeit einzelner Mitarbeiterinnen und der Gesamtkapazität.

Ein **Durchsetzungsvermögen**, das fast an die Grenze brutaler Härte reicht.

Die **Güte einer liebevollen Mutter**, der man das Herz ausschütten kann und die in fast allen Fällen einen guten Rat weiß.

Die **Härte** eines Haremswächters, der niemanden an seine Damen heranläßt.

Nicht zu jung und nicht zu alt (gutes Mittelalter).

Nach Möglichkeit ledig, mit der Bereitschaft, im Notfall mal etwas Freizeit zu opfern.

Absolut firmentreu und keinesfalls geneigt, Versprechungen von außen nachzugeben.

Sie ist bestrebt, **gerecht zu sein** und macht es auch ihren Vorgesetzten nicht leicht, die sie jedoch unbedingt zu schätzen wissen.

Bei der Suche nach einer derartigen Frau kann man nur guten Erfolg wünschen. Wenn man sie gefunden hat — glücklich derjenige EDV-Leiter, dem dieses Geschick widerfuhr —, dann braucht man sich um die Datenerfassung so gut wie gar nicht mehr zu kümmern. Es läuft dann alles wie von selbst.

3.5.3 Voraussetzungen für eine gute Datenerfassung

Außer den personellen Voraussetzungen, die für eine qualitativ einwandfreie und auch mengenmäßig zufriedenstellende Leistung Bedingung sind, sind organisatorische Maßnahmen nötig, die unbedingt beachtet werden sollten. Dazu gehören:

1. **Eine kluge und ausgleichende Personalpolitik**

Eine Gruppe ist schnell versaut, jedoch nur mit viel Mühe wieder in Ordnung gebracht. Oft vergeht mehr als ein Jahr, bis die Schäden beseitigt sind, die eine schlechte Personalführung unter Umständen in kurzer Zeit verursachte.

2. **Eine gute Schulung des Personals**

Erfasserinnen sollten nach Möglichkeit während der Erfassung keine unnötige Denkarbeit leisten, jedoch über den Sinn und den Inhalt der von ihnen zu erfassenden Daten ausreichend informiert sein. Abweichungen von der Norm sollten allen bekanntgemacht werden.

3. **Für jede durchzuführende Arbeit sind genaue Arbeitsbeschreibungen anzufertigen, die allen zugänglich sein sollten.**

Aus diesen Arbeitsunterlagen muß zu ersehen sein:
 a) Der Aufbau der Ablochbelege;
 b) Die Folge, die Art und Bedeutung der zu erfassenden Daten;
 c) Der Aufbau der Datenträger, die bei der Erfassung entstehen;
 d) Die Prüfungen, die zur Sicherung einer einwandfreien Datenqualität durchzuführen sind.

Dazu gehören:
 1. Prüfen durch nochmaliges Eintasten
 2. Eine Kontrolle mit Hilfe von Prüfziffern und Nummern-Prüfgeräten
 3. Durch das Vergleichen von Abstimm- und Endsummen, die beim Erfassen entstehen
 4. Durch Null-Kontrolle.

4. Laufende Unterweisung, vor allem bei der Einführung von Neuerungen und Erweiterungen.

5. Da die Arbeit durch die ihr eigene Eintönigkeit sehr anstrengend ist und eine große Konzentration verlangt, ist es zum Wohle der Erfasserinnen und zur Erreichung eines guten Arbeitsergebnisses wichtig, zur Entspannung und zur Erholung zwischen den Hauptpausen kleine Arbeitsunterbrechungen einzulegen. Hierdurch wird auch der Entwicklung einer Berufskrankheit entgegengewirkt, unter der Datenerfasserinnen oft leiden: der Sehnenscheidenentzündung.

Abhängig von der Art der Datenerfassung ist es notwendig, etwas zur Dämmung der Geräusche zu tun, die durch die verschiedenen Maschinen verursacht werden. Besonders lautstark sind:

Locher und Prüfer,
Erfassungsmaschinen mit beweglichem Druckwagen.

Mit ihnen werden optisch lesbare Streifen, Lochstreifen und — in Verbindung mit einem Locher — Lochkarten erstellt.

Die Geräusche werden besonders durch die Mechanik dieser Maschinen hervorgerufen (Stanzmechanismus, Druck- und Wagentransport). Durch schallschluckende Decken und Wände sowie einen geeigneten Fußbodenbelag kann den gesundheitsschädigenden Einflüssen entgegengewirkt werden.

Datenerfassungsmaschinen, die Daten auf Magnetbänder schreiben oder die on-line als Direkt-Eingabegeräte verwendet werden, sind relativ leise, vor allem dann, wenn auf eine Druckausgabe verzichtet wird. Es entstehen praktisch nur Tastaturgeräusche, wenn Maschinen dieser Art verwendet werden.

Bei einem Großeinsatz derartiger Maschinen ist es jedoch zu empfehlen, trotzdem etwas für die Geräuschdämmung zu tun. Ein Teppichbelag kann hier schon gute Dienste leisten.

4. Die Organisation der Abteilung EDV

4.1 Allgemeines

Allgemein gültige Hinweise für den Aufbau einer EDV-Abteilung und für die internen Abhängig- und Zuständigkeiten sind nur in beschränktem Maße möglich. Sie könnten sich nur auf generelle Dinge beziehen, niemals jedoch die Feinheiten der innerbetrieblichen Zusammenhänge wirkungsvoll beschreiben.

Die Verhältnisse in den einzelnen Firmen sind oft sehr unterschiedlich. Sie sind abhängig von vielen Fakten, von denen anschließend einige aufgeführt werden:

1. Von der Größe der verwendeten Anlage
2. Von den Arbeiten, die mit dieser Anlage gemacht werden sollen und der Anzahl der geschriebenen Programme
3. Von der Menge der zu erfassenden Daten
4. Von den Bearbeitungsterminen
5. Von der Art des Betriebes (zum Beispiel Fertigung, Handel, Rechenzentrum) und der Betriebsorganisation
6. Von der Entwicklung des Betriebes in der Vergangenheit.

Im Normalfall kann die Abteilung Datenverarbeitung als reine Stabs-Abteilung angesehen werden, die — ähnlich wie die Abteilung Buchhaltung oder Statistik — Daten zur besseren Führung des Betriebes bereitstellt. Diese Stabsfunktion ist im reinen Handelsunternehmen besonders klar entwickelt. Das Verhältnis wandelt sich jedoch etwas, wenn ein Computer in einem Industriebetrieb zur Fertigungssteuerung und zur Berechnung der Maschinenbelegung eingesetzt wird. Die Stabsstellenfunktion der Abteilung EDV ist dann nicht mehr so eindeutig, da gewisse Linienaufgaben mit übernommen werden.

Eine eindeutige Linienfunktion hat dagegen die EDV-Abteilung eines Service-Rechenzentrums, das einem größeren Kreis außenstehender Kunden seine Dienste anbietet. In einem solchen Fall wird die EDV-Abteilung zur Produktionsstätte. Ihre Produkte sind die von ihr erstellten Auswertungen und sonstigen Dienstleistungen.

Es werden verkauft:

    Listen
    Statistiken
    Buchführungsunterlagen
    Auswertungen von mancherlei Art
    Datenerfassungsarbeiten
    Beratungsdienste
    Programmierunterstützung
    Maschinenzeit
    Datenträger von verschiedener Art

Aufgrund der unterschiedlichen Aufgabenstellung sind auch die Anforderungen verschieden. Der Aufbau der Abteilung EDV wird sich zwangsläufig nach den gegebenen Bedingungen richten müssen, wenn die Abteilung, bzw. das Rechenzentrum, zufriedenstellend arbeiten soll.

Die folgenden Erläuterungen sollen dazu beitragen, daß die Unterschiede im Aufgabenbereich klarer erkannt werden können. So wird zum Beispiel ein Rechenzentrum, das anderen Firmen seine Dienste anbietet, werbend und öffentlich tätig werden.

Das Rechenzentrum innerhalb einer Firma kennt als Gesprächspartner dagegen nur die Fachabteilungen des Hauses. Zusammen mit diesen wird der Aufgabenbereich abgesteckt. Dieser wird wiederum bestimmt durch den Betrieb und seine Ziele.

Das firmeneigene Rechenzentrum hat, unter der Voraussetzung, daß die gesteckten Ziele erreicht werden, möglichst geringe Kosten zu verursachen. Das freie Rechenzentrum wird unternehmerisch geführt. Es soll gewinnbringend arbeiten.

Selbst innerhalb der Rechenzentren (oder EDV-Abteilungen) von gleicher Art sind die Bedingungen durch unterschiedliche Größenverhältnisse und andere Aufgabenbereiche — wie bereits angedeutet — verschieden.

Zur besseren Übersicht folgen einige Darstellungen, aus denen die Position und der Aufbau der Rechenzentren (oder EDV-Abteilungen) deutlicher werden.

4.2 Die Abteilung EDV innerhalb der Gesamtorganisation eines Unternehmens

Abbildung 1:

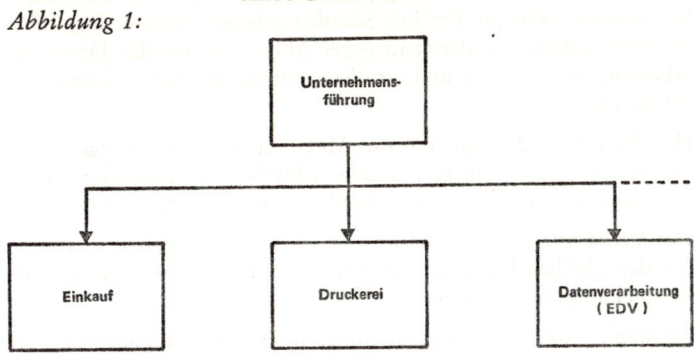

```
                    ┌──────────────────┐
                    │ Unternehmens-    │
                    │ führung          │
                    └──────────────────┘
                             │
         ┌───────────────────┼───────────────────┐ - - - - -
         ▼                   ▼                   ▼
   ┌───────────┐       ┌───────────┐       ┌──────────────────┐
   │ Einkauf   │       │ Druckerei │       │ Datenverarbeitung│
   │           │       │           │       │ (EDV)            │
   └───────────┘       └───────────┘       └──────────────────┘
```

In diesem Beispiel ist die Abteilung EDV eine Abteilung wie alle anderen auch. Das Verhältnis zwischen der Geschäftsleitung und ihr unterscheidet sich nicht oder nur unwesentlich von dem zu anderen Abteilungen.

Durch das Fehlen eines besonders engen Kontaktes zur Unternehmensführung hat es die Leitung der Abteilung EDV nicht gerade leicht. Die Auseinandersetzungen mit den Fachabteilungen des Hauses sind nicht immer einfach. Oft fehlt die nötige Sachlichkeit und die wünschenswerte Bereitschaft zur Zusammenarbeit.

Bei der hier gezeigten Organisationsform wird es sehr schwierig werden, die gesteckten Ziele in gemeinsamer Arbeit zu erreichen.

Abbildung 2:

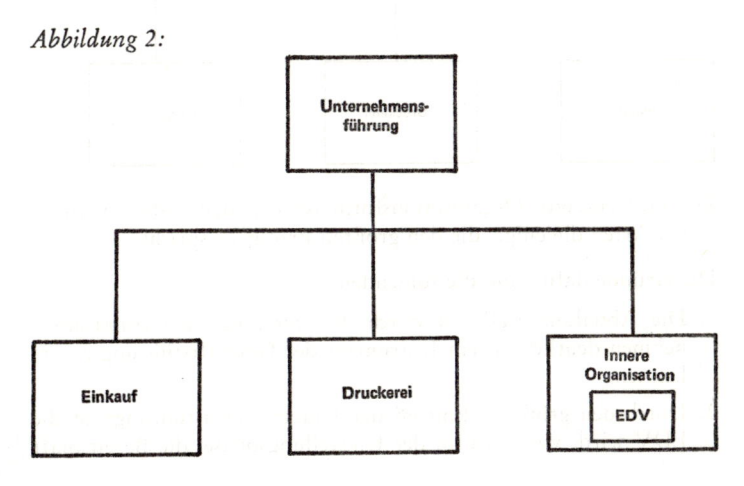

```
                    ┌──────────────────┐
                    │ Unternehmens-    │
                    │ führung          │
                    └──────────────────┘
                             │
         ┌───────────────────┼───────────────────┐
         ▼                   ▼                   ▼
   ┌───────────┐       ┌───────────┐       ┌──────────────────┐
   │ Einkauf   │       │ Druckerei │       │ Innere           │
   │           │       │           │       │ Organisation     │
   │           │       │           │       │  ┌─────────┐     │
   │           │       │           │       │  │  EDV    │     │
   │           │       │           │       │  └─────────┘     │
   └───────────┘       └───────────┘       └──────────────────┘
```

Nicht selten fühlen sich die Leiter der verschiedenen Fachbereiche, besonders in der Umstellungsphase, kontrolliert und überwacht. Sie fürchten, daß ihr Einfluß Schaden erleiden könnte. Das führt zu einem inneren Widerstand gegen alles, was mit der Datenverarbeitung zu tun hat und ist dem Betriebsgeschehen keineswegs förderlich.

Die Abbildung 2 zeigt, daß die Abteilung EDV keine eigene Abteilung ist, sondern in eine andere Abteilung eingegliedert wurde (im hier gezeigten Fall in die Abteilung »Innere Organisation«).

Die Verhältnisse liegen ähnlich wie im Beispiel 1. Hier wird man mit den gleichen Problemen zu ringen haben, die im vorgenannten Beispiel aufgezeigt wurden.

Abhängig von der Hauptabteilung, in die die Eingliederung erfolgte, und von den internen Interessenströmen, ist es sogar möglich, daß die notwendige innerbetriebliche Ausrichtung auf die EDV in noch stärkerem Maße behindert wird, als dies im ersten Fall geschildert wurde.

Abbildung 3:

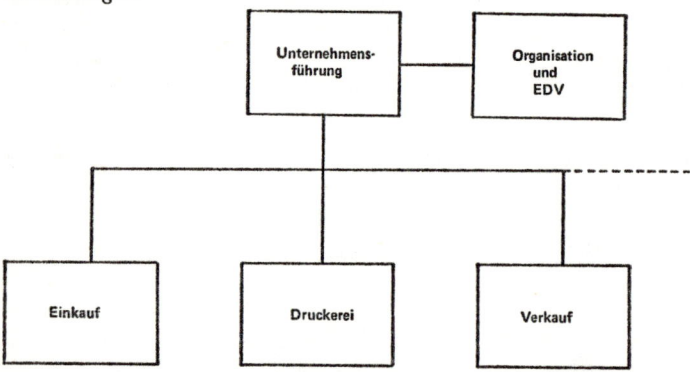

Die hier gezeigte Organisationsform ist von den bisher beschriebenen Arten diejenige, die den größten Erfolg verspricht.

Die Gründe dafür sind die folgenden:

1. Die Abteilung EDV ist durch ihre Stellung im Gesamtunternehmen deutlich als ein Instrument der Geschäftsführung zu erkennen.
2. Durch den größeren Einfluß der Unternehmensführung auf die EDV wird, vor allem in der Umstellungsphase, die Bereitschaft

zur Mitarbeit innerhalb der verschiedenen Fachabteilungen gefördert, bzw. die internen Widerstände klein gehalten.
3. Mit größerer Unterstützung der Geschäftsführung werden die gesteckten Planungsziele mit geringerem Aufwand erreicht.

4.3 Die EDV-Organisation

4.3.1 Allgemeines

Der Aufbau der Abteilung EDV und ihre Position innerhalb der Gesamt-Organisation eines Unternehmens wird durch eine Vielzahl von Faktoren bestimmt. Er wird maßgeblich beeinflußt

a) von der Schwierigkeit und vom Umfang der zu lösenden Probleme;

b) von der Art der zu verarbeitenden Datenträger, wie Lochkarten, Lochstreifen, Magnetbänder, lesbare Originalbelege;

c) von der Menge der zu verarbeitenden Daten;

d) von der Datenerfassung und vom Ort, an dem maschinell verarbeitbare Datenträger entstehen, im Haus (zentral) oder außer Haus (dezentral);

e) von der Art des Betriebes, z. B. Handel, Fertigung, Versicherung, Einzelbetrieb, Konzern;

f) vom Führungsteam, seinem Können, seiner Einstellung und seinen Zielen;

g) vom Entwicklungsverlauf des Unternehmens.

Die aufgezeigten Punkte sind nicht in der Folge ihrer Bedeutung aufgeführt. Diese wird, abhängig von den bestehenden Verhältnissen, verschieden sein.

4.3.2 Organisationsbeispiele

Der Aufbau der Abteilung EDV, wie er in der Abbildung 4 dargestellt wird, ist in Betrieben anzutreffen, die nur eine relativ kleine EDV-Anlage einsetzen. Die Organisation ist nicht umfangreich und deshalb leicht überschaubar. Der EDV-Leiter ist meist ein Allround-Mann und nicht selten in e i n e r Person

L o c h s a a l - L e i t e r
S y s t e m - A n a l y t i k e r
C h e f p r o g r a m m i e r e r
S y s t e m p r o g r a m m i e r e r
C h e f o p e r a t o r

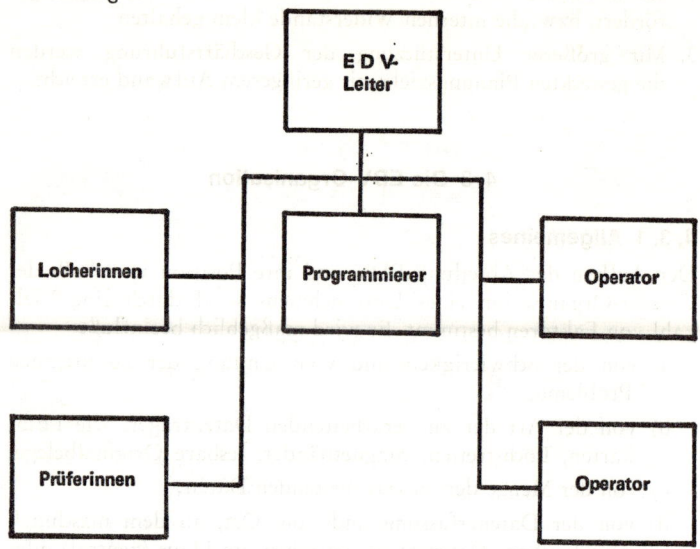

Abbildung 4:

```
                    ┌─────────┐
                    │  EDV-   │
                    │  Leiter │
                    └────┬────┘
      ┌──────────────────┼──────────────────┐
┌───────────┐      ┌─────────────┐      ┌──────────┐
│Locherinnen│──────│Programmierer│──────│ Operator │
└───────────┘      └─────────────┘      └──────────┘
      │                                       
┌───────────┐                           ┌──────────┐
│Prüferinnen│                           │ Operator │
└───────────┘                           └──────────┘
```

Diese Lösung ist gewiß nicht die vorteilhafteste. Sie wird jedoch bestimmt durch die Problemstellung, die Größe der Anlage und nicht zuletzt durch die Kosten, die in einem vernünftigen Verhältnis zur Unternehmensgröße stehen müssen.

Trotz der Universalität des EDV-Leiters ist seine Stellung innerhalb des Unternehmens oft recht schwach.

Immer dem Druck dringender Arbeiten ausgesetzt, gelingt es ihm meistens nicht, sich über die alltäglichen Belastungen hinwegzusetzen und unbeschwert eine vorausschauende Planung zu betreiben.

Bezüglich der Planung und Programmierung unterscheiden sich innerhalb einer Sparte die kleinen Firmen kaum von den großen. Die größere Belegzahl bedeutet in den meisten Fällen nur ein Speicher- und Erfassungsproblem. Es ist oft sehr schwierig, Laien diese Tatsache verständlich zu machen. In der Regel glauben sie, daß kleinere Firmen auch nur kleinere Programme brauchen, die bedeutend billiger herzustellen sind.

Will man zum Beispiel mit Hilfe eines Computers eine Lohn- und Gehaltsabrechnung durchführen, dann braucht man in jedem Fall die notwendigen Programme, ohne Rücksicht darauf, ob man die

Abrechnung für einhundert, zweihundert oder zweitausend Beschäftigte macht.

Kleinere Anlagen, mit denen in bestimmten Kapazitätsbereichen genau die gleichen Auswertungen zusammengestellt werden können wie mit den großen, müssen lediglich anders programmiert werden. Man wird mit ihnen — allerdings auf Umwegen und mit zusätzlichen Programmläufen — das gesteckte Ziel ebenfalls erreichen. Die Bearbeitungszeit wird jedoch wesentlich länger sein.

EDV-Leiter in mittleren Betrieben und kleinen Rechenzentren sind meist sehr stark überfordert. Dies nicht unbedingt durch fachlich-sachliche Probleme, sondern mehr durch die Last ihrer übermäßigen, vielfältigen Arbeit.

Die Unternehmensleitung sollte dies wissen und nicht tatenlos zusehen, wenn sie bemerkt, daß die Belastung eines einzelnen oder einer Gruppe von Mitarbeitern über das Maß des Zumutbaren hinausgeht.

Dies ist gewiß leichter gesagt als getan. Ein Anzeiger für Überlastungen sind die geleisteten Überstunden, zuweilen auch die Anwesenheitszeit im Betrieb. Diese sollte gut überwacht werden.

In der Abbildung 5 (S. 64) wird der Aufbau einer EDV-Abteilung gezeigt, die bereits eine deutliche Trennung der Tätigkeitsbereiche »Planung« und »Programmierung« aufweist. Die System-Programmierung wird vom Chefprogrammierer selbst besorgt. Innerhalb des Ausführungsbereiches wurde neben den Operatoren ein Arbeitsvorbereiter zur besseren Erledigung der geplanten Programmläufe eingesetzt. Dieser sorgt dafür, daß die Arbeitsfolge eine möglichst günstige Auslastung des Computers zuläßt. Dies ist besonders dann wichtig, wenn im Multi-programming gearbeitet wird.

Die Programme, die gleichzeitig laufen können, müssen dann so kombiniert werden, daß sie die verfügbaren peripheren Einheiten ohne Doppelbelegung miteinander teilen.

Nicht zu unterschätzen ist die Arbeit der Position »Kontrolle und Archivierung«. Jede Auswertung muß über diesen Platz gehen und dort kontrolliert werden. Die Registrierung und Prüfung von Kontrollzahlen und Abstimmsummen wird hier vorgenommen.

Es darf nicht geschehen, daß falsche Auswertungen — ohne Rücksicht darauf, wen die Schuld trifft — die Abteilung verlassen. Wenn der Ruf einer EDV-Abteilung erst einmal zu Schaden gekommen ist, dann ist er nur sehr schwer wieder zu verbessern. Kein EDV-Leiter sollte dies vergessen.

Abbildung 5:

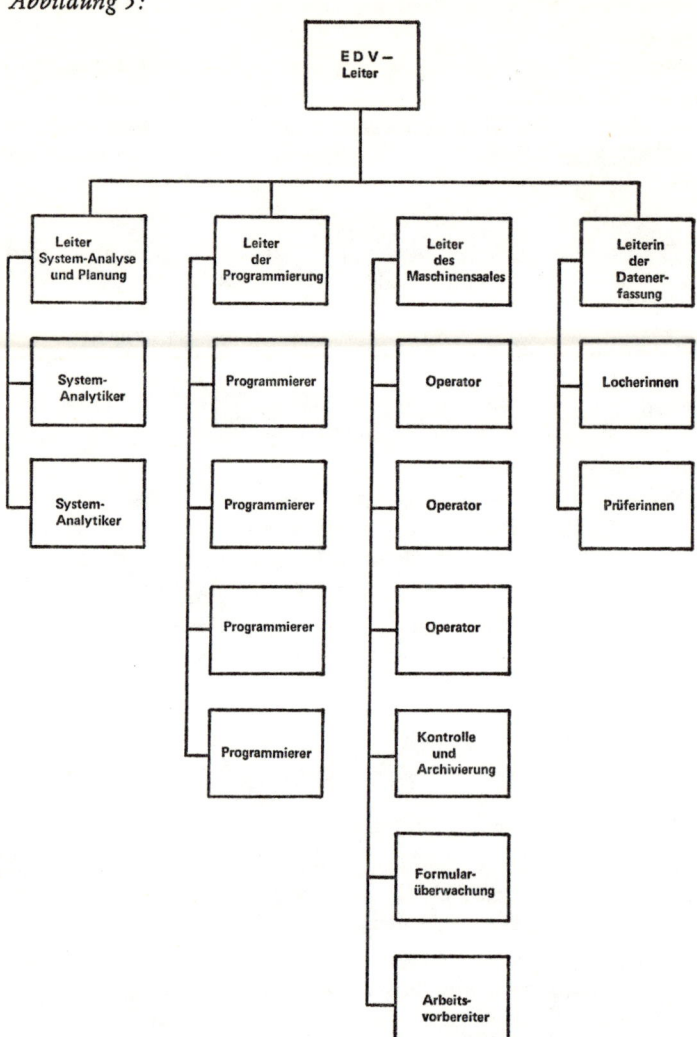

```
                            EDV-Leiter
     ┌──────────────┬───────────┴────┬──────────────┐
  Leiter         Leiter          Leiter          Leiterin
System-Analyse    der             des              der
und Planung   Programmierung  Maschinensaales  Datenerfassung
     │             │                │               │
  System-      Programmierer     Operator       Locherinnen
  Analytiker
     │             │                │               │
  System-      Programmierer     Operator       Prüferinnen
  Analytiker
                   │                │
               Programmierer     Operator
                   │                │
               Programmierer    Kontrolle
                                und Archivierung
                                    │
                                Formular-
                                überwachung
                                    │
                                Arbeits-
                                vorbereiter
```

Welche Voraussetzungen müssen nun erfüllt sein, um einer EDV-Abteilung die hier aufgezeigte Organisationsform zu geben? Eine richtige Antwort auf diese Frage zu finden, ist schwierig. Sie ist nicht einfach mit einer Aufzählung von einzelnen Fakten gegeben. Auch in diesem Fall lassen sich die Dinge nicht klar abgrenzen.

So sind bestimmte Fakten nicht für sich allein maßgebend, sondern sie gewinnen ihre Bedeutung erst in Verbindung mit anderen Voraussetzungen. So ist beispielsweise der Einsatz einer Gruppe von System-Analytikern und Programmierern nicht unbedingt abhängig von der Größe der verwendeten EDV-Anlage, deren Einsatz ebenfalls durch die Aufgabenstellung bestimmt wird, sondern von den zu bewältigenden Problemen.

Bei der Benutzung von Modular-Programmen der Computerhersteller-Firmen und bei reiner Daten-Massenverarbeitung unter Verwendung relativ einfacher Programme wird man sicher eine andere Organisationsform finden.

Der hier gezeigte Aufbau der Abteilung EDV wird in der Praxis mit Erfolg unter folgenden Bedingungen angewendet:

> Die verwendete Anlage besitzt eine Speicherkapazität von 64 bis 128 K.
>
> Es wird im Multiprogramming gearbeitet.
>
> Es werden Band- und Platteneinheiten verwendet.
>
> Die Anzahl der geschriebenen Programme, die auch einer ständigen Wartung und Pflege bedürfen, liegt zwischen 150 bis 200.
>
> Es wird vorerst nur in einer Schicht gearbeitet. Der Einsatz einer zusätzlichen Schicht erfolgt bei Bedarf.

Abbildung 6 (S. 66) zeigt den organisatorischen Aufbau eines kleinen Rechenzentrums. Das Grundkonzept ist wie bei Abbildung 5. Die Größe des verwendeten Computers ist in beiden Fällen gleich. Da es sich jedoch um ein Rechenzentrum handelt, das — im Gegensatz zur firmenorientierten EDV-Abteilung — einen Kreis außenstehender Interessenten bedient, wurden besondere Arbeitsgruppen eingerichtet bzw. ausgebaut.

Gegenüber Abbildung 5 bestehen die folgenden Unterschiede:

1. Es wurde eine Gruppe Planung, Beratung und Schulung eingerichtet, die hauptsächlich der Kundenbetreuung dient.

2. Die Arbeitsgruppe K o n t r o l l e ist selbständig und nicht Bestandteil der Gruppe A u s f ü h r u n g.

   Der Umgang mit Abnehmern von Auswertungen und anderen Dienstleistungen, die außerhalb des eigenen Hauses stehen, macht es notwendig, daß der Kontrolle besondere Aufmerksamkeit gewidmet wird. Der Ruf des Rechenzentrums lebt von der Qualität seiner Arbeit.

Abbildung 6:

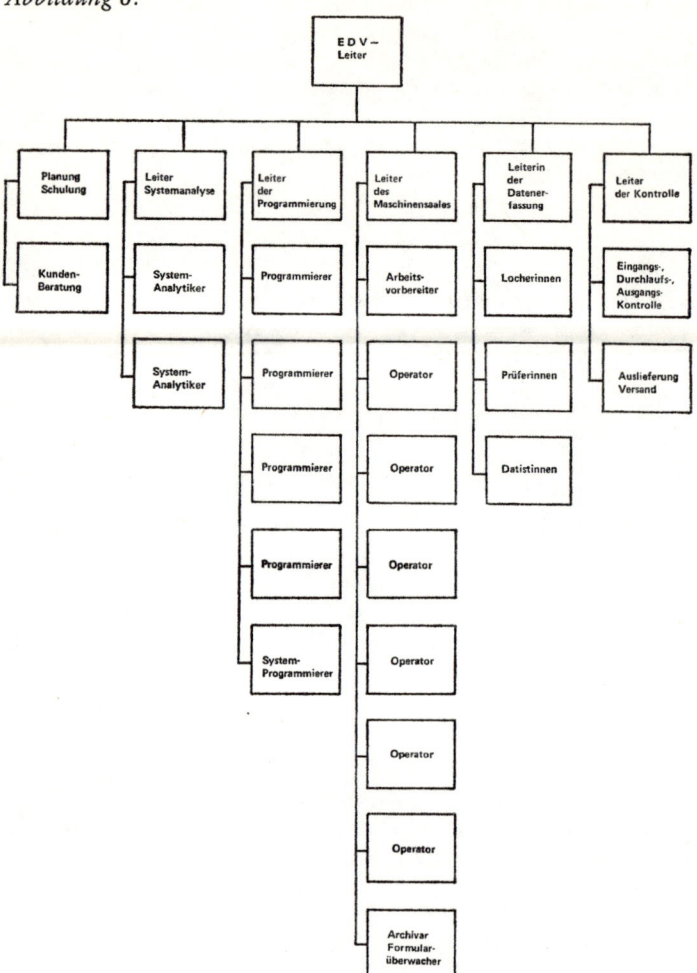

```
                                    EDV-
                                    Leiter
    ┌───────────┬───────────┬───────────┬───────────┬───────────┬───────────┐
 Planung     Leiter      Leiter      Leiter      Leiterin    Leiter
 Schulung    Systemanalyse der       des         der         der Kontrolle
                         Programmierung Maschinensaales Datenerfassung
    │           │           │           │           │           │
 Kunden-     System-     Programmierer Arbeits-    Locherinnen Eingangs-,
 Beratung    Analytiker              vorbereiter              Durchlaufs-,
                                                              Ausgangs-
                                                              Kontrolle
                │           │           │           │           │
             System-     Programmierer Operator    Prüferinnen Auslieferung
             Analytiker                                        Versand
                            │           │           │
                         Programmierer Operator    Datistinnen
                            │           │
                         Programmierer Operator
                            │           │
                         System-       Operator
                         Programmierer
                                        │
                                     Operator
                                        │
                                     Operator
                                        │
                                     Archivar
                                     Formular-
                                     überwacher
```

3. Zur besseren Nutzung des Systems und der vom Hersteller gelieferten Software wird ein Systemprogrammierer eingesetzt.

4. Es wird in drei Schichten gearbeitet. Schichtarbeit wird von den Managern der meisten Rechenzentren angestrebt, weil ihnen sehr daran gelegen ist, die gemietete Anlage so gut wie nur möglich auszunutzen.

Die fixen Kosten verändern sich bei dieser Arbeitsweise nur unwesentlich.

Die in den Abbildungen 5 und 6 gezeigten Organisationsformen wird man in der Regel dort finden, wo nach den heutigen Begriffen Computer von mittlerer Größe eingesetzt werden.

Verglichen mit dem riesigen Maschinenpark mancher Computernutzer ist eine Anlage von mittlerer Größe ein Zwerg.

In gleicher Weise verhält es sich mit der Größe der Abteilung. Die Masse der zu verarbeitenden Daten wird immer größer. Man kann sie nur mit Hilfe der Computer meistern.

Großunternehmen und Konzerne setzen zur Bewältigung dieser Datenflut meist mehrere Elektronenrechner (oft Großrechenanlagen) ein. Nicht selten sieht man die Maschinen verschiedener Hersteller nebeneinander stehen. Manchmal werden sogar periphere Geräte, wie Magnetplatten und Magnetband-Einheiten, an die Zentraleinheit eines anderen Herstellers angeschlossen.

Der Personalbedarf und der Personalbestand in einem Unternehmen mit einem Großrechenzentrum sind sehr bedeutend. Die in den Abbildungen 5 und 6 gezeigten Arbeitsgruppen, wie zum Beispiel S y s t e m a n a l y s e o d e r S y s t e m - O r g a n i s a t i o n, P r o g r a m m i e r u n g, M a s c h i n e n s a a l, sind in Großunternehmen der genannten Art selbständige Abteilungen mit einem umfangreichen Mitarbeiterstab.

In den Abteilungen S y s t e m a n a l y s e und P r o g r a m m i e r u n g werden bei entsprechender Betriebsgröße Arbeits- oder Projektgruppen gebildet, die unter Aufsicht und Anleitung eines Gruppenführers an der Verwirklichung geplanter Aufgaben arbeiten. Der Leiter der Abteilung EDV ist bei einem derartigen Umfang seiner Abteilung, der oft noch Gruppen von Spezialisten angehören, wie zum Beispiel Mathematiker und Physiker, nicht mehr in der Lage, die Dinge in allen Details zu überblicken. Nur durch die Delegation von Führungs- und Fachaufgaben ist es ihm möglich, seine Abteilung erfolgreich zu leiten.

Zu den Aufgaben des L e i t e r s e i n e r E D V - A b t e i l u n g — bei entsprechendem Umfang wird er von der Gruppe Verwaltung oder Sekretariat unterstützt — gehören die folgenden Dinge:

1. Die Aufstellung eines Organisationsplanes mit genauer Aufgabenverteilung.
2. Die Planung jedes einzelnen Arbeitsplatzes.
3. Die Aufstellung eines Personal-Bedarfsplanes.

4. Die Auswahl des Personals.
5. Die Weiterbildung des Personals.
6. Die Gehaltsplanung.
7. Die Aufstellung eines Einsatz-Planes.
8. Die Erstellung genauer Arbeitsanweisungen.
9. Die Festlegung von Terminen und die Terminkontrolle.
10. Die Verhandlung mit anderen Abteilungen des Hauses, mit den Herstellern von EDV-Anlagen und Lieferanten.
11. Die Untersuchung und Beobachtung neuer Arbeitsmittel und Arbeitsmethoden.
12. Die Terminplanung und -Kontrolle.
13. Die Einführung neuer Aufgabengebiete und Lösungsmethoden.
14. Die Kostenberechnung und Kostenverteilung.
15. Die Durchführung von Wirtschaftlichkeitsberechnungen und die Entscheidung bei unvorhergesehenen Aufgabenstellungen.
16. Die Unterrichtung der Unternehmensführung.

Ein Mann, der diese Dinge erledigen soll, muß die folgenden F ä h i g k e i t e n u n d E i g e n s c h a f t e n besitzen:

Er muß das Personal gut führen können.

Er muß Organisationstalent besitzen.

Er begreift schnell und kann logisch denken.

Er wird innerhalb und auch außerhalb der eigenen Abteilung anerkannt.

Er arbeitet aus eigener Initiative und braucht keinen Antrieb von oben.

Er weiß, daß auch seine Mitarbeiter gute Ideen haben und baut seine Führung von unten her auf.

Er ist kostenbewußt.

Sollte der Abteilung EDV wegen ihrer Größe als Stabsstelle die Gruppe Verwaltung hinzugefügt werden, dann können dieser die folgenden Aufgaben zugeordnet werden:

a) Die Personalverwaltung mit allem was dazu gehört wie: Anwesenheitskontrolle, Urlaubsplanung, Lehrgangsplanung, Schichteinteilung usw., Leistungskontrolle;

b) die Durchführung von Kostenrechnungen;

c) die Erstellung von Zeit-, Leistungs-, Kostenvergleichen, die Auskünfte geben über die Verteilung der Maschinenkosten auf die verschiedenen Auswertungen;
d) die Erledigung des allgemeinen Schriftverkehrs;
e) die Vorbereitung von innerbetrieblichen Lehrgängen;
f) die Materialüberwachung und Materialbeschaffung.

4.3.3 Die Organisation der Programmierung

Die größte Schwierigkeit, die es bei der Erledigung einer Aufgabe zu überwinden gilt, scheint immer noch zu sein, ein gestecktes Ziel auf kürzestem Weg zu erreichen.

Wie in der Kunst gilt auch für die Programmierung, daß das Einfache oft bestechend ist und daß zur Erlangung einer optimalen Lösung ohne Zweifel ein Meister gehört.

Durch die vorausgehende Problemanalyse, mit der die Grenzen festgelegt und die Ziele gesteckt werden, ist dem Programmierer noch ein ausreichender Spielraum zu geben, in dem er seine Fähigkeiten entfalten kann. Bei gleichen Programmierungsvorgaben wird das Ergebnis bei sorgfältiger Programmierung mit Sicherheit gleich sein, jedoch keinesfalls der Weg, der dort hinführte. Jeder Programmierer wird — selbst bei kleinen Programmen — eine andere Instruktionsfolge oder eine andere Folge von symbolischen Anweisungen an den Computer geben. Bei größeren Aufgaben werden sogar die Programmroutinen nicht gleichartig sein und auch in ihrer Folge bestimmt voneinander abweichen.

Eng verbunden mit dem Organisieren ist das Schaffen von Normen. Normen schaffen bedeutet jedoch gleichzeitig Festlegen von Grenzen. Bezogen auf die Programmierung darf eine Normung allerdings nicht eine Einschränkung für den Programmierer bedeuten und ihn daran hindern, seine Ideen frei zu entfalten. Genau das Gegenteil wird angestrebt.

Die gesteckten Ziele sind:

1. Befreiung vom Formalismus, soweit dies überhaupt möglich ist.
2. Konzentration der Programmierer-Kapazität auf den Teil der Programme, der sich mit der Lösung der gestellten Aufgabe befaßt.
3. Verbesserung der Übersichtlichkeit zwischen den Programmen mehrerer Programmierer.

4. Verminderung und Vereinfachung der Kodierarbeit und der Datenerfassung.
5. Erleichterung der Programm-Verwaltungsarbeit.
6. Einsparung von Programmiererzeit und Programmierungskosten.

Der größte Teil der Programmierer, die heute Programme schreiben, sind in der Gestaltung ihrer Arbeiten völlig frei. Dazu gehört beispielsweise, daß sie symbolische Bezeichnungen für die verschiedenen Datenfelder im Rahmen der vom Übersetzer- oder Compiler-Programm gesetzten Grenzen frei gestalten können.

Hier beginnen die Einschränkungen durch eine genormte Programmierung. Sie läßt nicht zu, daß jeder nach Wunsch verfahren kann und die symbolischen Feldnamen nach eigenem Ermessen beliebig vergibt. Sieht man sich einmal in verschiedenen Programmen, die alle eine bestimmte Datei verarbeiten, die symbolischen Bezeichnungen an, die für die gleichen Datenfelder verwendet werden, dann kann man manche Überraschung erleben. Oft kann von einer sachbezogenen Namensvergebung nicht die Rede sein.

Noch nicht ganz ausgereifte Programmierer vergeben oft Phantasienamen, die in keinem Zusammenhang zur wahren Bedeutung eines Datenfeldes stehen. So sind zum Beispiel Namen wie Hugo, Emma, Ivan und Bums keine Seltenheit. Sie stellen allerdings nur eine kleine Kostprobe aus einem sehr umfangreichen Verzeichnis gleich sinnloser Wörter dar. Es ist klar, daß ein anderer Programmierer mit derartigen Merkmalen nichts anfangen kann, wenn er sich mit einem fremden Programm befassen muß.

Eine einheitlich gestaltete Programmierung hat zur Voraussetzung, daß alle Programmierer, wenn sie zum Beispiel eine Datei benutzen, auch die gleichen symbolischen Merkmale verwenden müssen. Diese Bezeichnungen mit einer genauen Datensatzbeschreibung werden einmal zusammengestellt und gelten dann für alle.

Abhängig von der Art der verwendeten Anlage, dem Operating-System und den Ein- und Absichten der zuständigen Herren werden die Dateibeschreibungen in den folgenden Formen bereitgestellt:

a) auf einem Kodierblatt in der Programmiersprache, die gerade angewendet wird,

b) als Kartensatz zum Umdoppeln oder zur vorübergehenden Verwendung für Umwandlungen,

c) als fertige Programmteile, die auf der Systemplatte abgespeichert worden sind.

Während der Umwandlung eines symbolischen Programmes (auch SOURCE-PROGRAM genannt) werden die für die Umwandlung notwendigen Programmteile (Data-Division, Bereichs-Definitionen) mit Hilfe von Abrufkarten von der Systemplatte abgerufen und an den Stellen in das Symbolische Programm eingefügt, an denen die Abrufkarten liegen.

Die bisher aufgeführten Punkte zeigen nur einen Teil aus dem weiten Bereich der Programmierung, der genormt werden kann.

Die folgenden Dinge sind für eine Normung ebenfalls von Bedeutung oder zeigen, was darunter zu verstehen ist:

1. Generatorprogramme

Sie sind ein gutes Beispiel für die Normung der Programmierung.

Generatorprogramme erzeugen Objekt-Programme durch die Verarbeitung einer genormten Eingabe, die in sich jedoch variable Informationen zuläßt.

Die Generatorprogramme sind in den letzten Jahren von den verschiedenen Herstellern wesentlich verbessert worden. Die ersten Generatorprogramme, die den Computer-Nutzern zur Verfügung gestellt wurden, eigneten sich hauptsächlich für die Erstellung von einfachen Listprogrammen.

Dies ist mit Sicherheit ein Erbstück aus der guten alten Tabelliermaschinenzeit, in der dicke Listen mit Unter-, Haupt-, Übergruppen und Endsummen produziert wurden.

Diese Ausgabe in Listenformat, oft gleich zentnerweise produziert, war zuerst jedoch nur dann möglich, wenn die Eingabedaten über Lochkarten eingegeben wurden. Später wurden andere Datenträger, wie Band, Platte und Streifenspeicher, hinzugenommen.

Die heutigen Generatorprogramme können bereits mehr als nur Daten einer Datei verarbeiten. Die Probleme, die mit der Verarbeitung mehrerer Dateien entstehen, sind beachtlich.

Die folgenden Dinge müssen dabei berücksichtigt werden:

a) *Eröffnung der Dateien*

Das bedeutet, daß diese für die Verarbeitung vorbereitet werden müssen und daß die notwendigen Prüfungen der Vorsätze, zum Beispiel bei Band- und Plattendateien, durchzuführen sind, um zu verhindern, daß eine falsche Datei verarbeitet wird.

b) *Folgerichtige Verarbeitung der Daten aus den verschiedenen Dateien*

c) *Richtiger Abschluß der verwendeten Ein- und Ausgabe-Dateien*

Besonders problematisch wird im allgemeinen die Verarbeitung der letzten Sätze bzw. der letzten Satzblöcke einer Datei.

Inzwischen wurden diese Probleme im ganzen Umfange bewältigt. Schwierigkeiten entstehen jedoch, wenn die Zahl der Dateien groß und das Programm in seinem Aufbau kompliziert und kaum zu beschreiben ist. Die Möglichkeiten, die ein Generatorprogramm gibt, sind verschieden. Sie reichen jedoch nicht aus, um alle Bedingungen zu spezifizieren, die für die Generierung eines Objekt-Programmes mit höherem Schwierigkeitsgrad notwendig sind.

2. Das Eröffnen und Abschließen von Dateien

Das Eröffnen und Abschließen von Dateien einschließlich der richtigen Verarbeitung der letzten Sätze bzw. Satzblöcke sind Probleme, mit denen sich jeder Programmierer bei jedem Programm erneut beschäftigen muß. Viel Mühe, Zeit und Kosten werden hier für eine Arbeit aufgewendet, die bestimmt durch ein genormtes Verfahren mit Hilfe von Makro-Instruktionen gelöst werden könnte.

3. Das Aufbauen und Verarbeiten von Tabellen

Auch diese Arbeiten werden immer wieder programmiert. Diese Programmiererkapazität könnte besser eingesetzt werden.

4. Das Übersetzen von einer Datenverschlüsselung in eine andere

Das ist vor allem dann notwendig, wenn Datenträger verarbeitet werden sollen, die auf den Maschinen verschiedener Hersteller erstellt wurden.

Als passendes Beispiel ist hier der Lochstreifenleser zu nennen, der meistens technisch so ausgerüstet ist, daß er Lochstreifen mit jedem gültigen Datenaufbau verarbeiten kann.

Durch das Programm muß dafür gesorgt werden, daß die vom Lochstreifenaufbau abhängigen Lochkombinationen in die Bitstruktur des Computers übersetzt werden, durch den der Streifen eingelesen wird.

5. **Das Ein- und Ausschalten sowie das Abfragen von Programmschaltern**

Die Organisation der Programmierung ist eine lohnende Sache, aus der gewiß etwas herauszuholen ist, mehr als hier aufgeführt wurde. Viele wissen darum. Bleibt zu hoffen, daß sich zahlreiche Benutzer und Hersteller dazu durchringen und die nötigen Dinge tun.

Die Trennung der Berechnung von Hardware und Software durch die Computerhersteller wird mit Sicherheit dazu führen, daß sich diese bezüglich der hier genannten Probleme Gedanken machen und ihren Kunden in naher Zukunft die Software-Unterstützung anbieten, die von diesen gefordert wird.

Der Mangel an guten Programmierern wird künftig noch größer werden, als er heute schon ist. Wer mehr Programmiererkapazität braucht, wird mit Sicherheit lieber die Programmierung richtig organisieren, als zusätzliche Programmierer einstellen.

5. Umorganisation im EDV-Bereich

5.1 Allgemeines

Umorganisation bedeutet unter anderem, daß Veränderungen stattfinden werden und daß bestehende und teilweise lange angewandte Arbeitsmethoden nicht mehr genutzt werden können und sollen.

Mit Veränderungen, vor allem in der Datenverarbeitung, sind Arbeit und Kosten verbunden, die je nach Art der Änderung und der Durchführung sehr verschieden sein können.

Die Art der Durchführung ist für die Gestaltung der Kosten oft von entscheidender Bedeutung. Je besser die Vorbereitungen sind, um so reibungsloser und günstiger wird das Ergebnis sein.

Eine Umstellung ohne kleine Pannen wird es in der Praxis kaum geben. Daß sie möglichst klein bleiben, ist das Verdienst einer gründlichen Planung. An dem folgenden Beispiel soll gezeigt werden, was darunter zu verstehen ist.

Eine Firma installiert in ihrem Hause eine neue Fernsprechanlage. Diese Änderung nimmt man zum Anlaß, um sämtliche im Haus verwendeten Telefon-Nummern neu zu vergeben, weil durch eine beträchtliche Erweiterung der Anschlüsse und durch zahlreiche Änderungen in der Vergangenheit das gegenwärtige System zu unübersichtlich geworden war. Eine logische Zuordnung der verschiedenen Rufnummern, zum Beispiel nach Abteilungen, war nicht mehr möglich und erschwerte den Kontakt im Hause. Das neue Nummernsystem machte es möglich, daß alle organisatorischen Wünsche berücksichtigt werden konnten und daß mögliche künftige Erweiterungen ohne Schwierigkeiten einzubeziehen waren.

Am Tage der Umstellung wurden rechtzeitig an alle Abteilungen Telefonverzeichnisse verteilt, um die notwendigen Verbindungen jederzeit herstellen zu können.

Jeder wird verstehen, daß diese Verteilung den letzten logischen Schritt zur Vervollständigung der geplanten Aktion darstellt. Ohne eine Ausgabe dieser Information an die Belegschaft wäre mit Sicherheit ein Chaos in der innerbetrieblichen Kommunikation entstanden.

Trotz der richtigen und ausreichenden Information kam es jedoch noch zu zahlreichen falschen Verbindungen. Die Fehler entstanden, weil sich die Teilnehmer an das alte Nummernsystem gewöhnt hatten und automatisch die vertrauten Kennzahlen wählten. Nach etwa einer Woche war alles wieder im Lot. Bis auf zurückkehrende Urlauber oder Kranke machte kaum noch jemand einen Fehler.

Am hier gezeigten Beispiel soll deutlich gemacht werden, welchen Einfluß Änderungen auf die Menschen haben, die mit ihnen fertig werden müssen.

Im Bereich der Datenverarbeitung sind die Bedingungen allerdings nicht so einfach und übersichtlich. Die Möglichkeit, einem Mißverständnis zu erliegen, ist selbstverständlich viel größer. Viel größer sind auch die Auswirkungen, die durch einen Fehler entstehen können.

Eine falsche Telefonverbindung innerhalb einer Firma ist im allgemeinen keine bedeutende Angelegenheit. Viel schlimmer ist es beispielsweise, wenn bei der automatischen Schreibung von Banklastschriften den einzuziehenden Beträgen falsche Kunden-Nummern und Bankverbindungen zugeordnet werden und der Fehler nicht gleich bemerkt wird.

Hier ein weiteres Beispiel aus der Praxis:

In einem Versandhaus wurde ein sehr kompliziertes Rechnungsformular entwickelt, das möglichst vielen Wünschen gerecht werden sollte. Es sollte

1. dem Versand als **Warenentnahmeschein** dienen und die **Versandadresse bereitstellen**;
2. dem Sammelbesteller **Gesamtabrechnung** sein;
3. dem Endverbraucher eine **Einzelrechnung** bieten.

Es wurde hart um den Formularaufbau gerungen, bis schließlich alle Wünsche berücksichtigt worden waren. Dann wurde ein Einkäufer mit der Beschaffung der Formulare betraut. Dieser versuchte nun, einen guten Preis zu erzielen und bestellte den Formularbedarf für ein ganzes Jahr. Er war sehr stolz darauf, wirklich gute Konditionen ausgehandelt zu haben. Die Sache war lohnend, handelte es sich doch um einen Betrag, für den man schon ein kleines Eigenheim erwerben konnte.

Der Ärger begann, als man zwei Monate später den Aufbau des Formulares änderte. Die Geschäftsführung erfuhr erst viel später von der Panne, als die Fakturierung bereits mit dem neuen Formular durchgeführt wurde.

Als man den Vorgang untersuchte, wurde festgestellt, daß die Ursache zu dieser Fehldisposition darauf zurückzuführen war, daß Informationen nur teilweise oder gar nicht weitergegeben worden waren. Der Einkäufer hatte angeblich keine Ahnung davon, daß überhaupt mit einer Änderung des Formulares zu rechnen war, und die zuständigen EDV-Leute wußten nicht, daß man eine derart große Menge von Formularen bestellt hatte.

Diese Beispiele sollen ausreichen. Sie zeigen, wie wichtig es ist, gut zu informieren und gut informiert zu werden.

Eine gute Information ist überhaupt das Rezept für den Erfolg in allen Bereichen des Berufslebens. Wer in der Datenverarbeitung tätig ist und eine Führungsposition einnimmt, muß dies wissen. Dabei gilt es jedoch nicht, jedem jede Information zukommen zu lassen, sondern nur die für ihn wichtigen.

Diesen Informationsdienst einzurichten und zu erhalten, ist sehr wichtig und lohnend. Man darf sich jedoch nicht allein darauf beschränken, Anweisungen in schriftlicher Form weiterzugeben, ohne zu prüfen, ob diese auch bewußt aufgenommen werden. Eine rechtzeitige Schulung und die Prüfung des vermittelten Wissens sind unerläßlich.

5.2 Neugestaltung der Datenerfassung

Die Umgestaltung der Datenerfassung — zur Zeit meist die Abkehrung vom Lochen und Prüfen — hat eine oder mehrere der folgenden Ursachen:

1. Der Einsatz neuer EDV-Maschinen, die andere Datenträger verarbeiten als die bisher verwendeten, zum Beispiel: Lochstreifen, Bandkassetten, Magnetplatten.

2. Eine Beschleunigung der Datenerfassung durch die Einführung der Nummernprüfung, die mit elektronischer Geschwindigkeit schon beim Eintasten der Daten erfolgt. Der Prüfgang der nach der konventionellen Methode erfaßten Daten (Lochen und Prüfen) kann dadurch entfallen.

3. Ein Mangel an tüchtigen Datenerfasserinnen.

4. **Direkteingabe in den Computer**, dadurch sofortige Prüfung, Speicherung bzw. Verarbeitung der eingetasteten Daten. Die optische Kontrolle kann hierbei mit Hilfe eines Bildschirmgerätes erfolgen.

Die Gründe für die Einführung der einen oder anderen Prüfmethode oder bestimmter Datenträger sollen hier nicht behandelt werden. Es wird vielmehr daran gedacht, zu untersuchen, was bei einer Umstellung beachtet werden muß.

Eine besondere Bedeutung für eine Umstellung in der Datenerfassung haben die folgenden Dinge:

a) Die **Datenmenge**, die zu erfassen ist,
b) die **Fertigstellungstermine**,
c) die **Anzahl der Datenerfasserinnen**,
d) die für die **Umschulung** verfügbare Zeit.

Sie sind mitentscheidend für die Durchführung und bestimmen, wie umgestellt wird und wann welche Vorbereitungen zu treffen sind. Die ideale Umstellung könnte folgendermaßen aussehen:

Es wurde entschieden, welche neuen Datenerfassungsgeräte benutzt werden sollen.

Der Umstellungstermin wurde festgelegt und die neuen Erfassungsmaschinen bestellt.

Am Tage der Anlieferung der Erfassungsmaschinen werden die alten Geräte ausgetauscht.

Die Erfasserinnen werden gemeinsam mit den neuen Geräten vertrautgemacht. Es erfolgt eine gründliche Schulung.

Nach dieser Schulung wird mit der Datenerfassung begonnen. Es wird eine genügend große Datenmenge probeweise erfaßt und verarbeitet.

Erst wenn keine Bedenken mehr bestehen, wird die Arbeit normal fortgesetzt.

Jeder Fachmann weiß, daß es so nicht geht. Die Termine sind in der Regel so drückend und die Zahl der verfügbaren Datenerfasserinnen, die wirklich etwas taugen, sehr begrenzt. Es entstehen meist schon große Schwierigkeiten, wenn man mit der Schulung eines Teils der Erfasserinnen beginnen will. Oft ist auch dies wegen der großen Arbeitsbelastung gar nicht möglich, weil man ohnehin mit der Schulung der Besten zuerst anfangen will.

Die Probleme, die man mit dem Personal hat, machen die meisten Schwierigkeiten. Deshalb müssen sie im Vordergrund aller Überlegungen stehen. Eine Umstellung der Datenerfassung ist keine in sich geschlossene Angelegenheit. Sie wirkt sich ebenfalls auf andere Bereiche aus, wie Programmierung und Datenverarbeitung.

In der Terminplanung sind diese unbedingt mit zu berücksichtigen. Die Probleme, die für die Programmierer bestehen, dürfen hierbei nicht unterschätzt werden. Die Schwierigkeiten sind, abhängig von der Art und dem Aufbau der neuen Datenträger, ganz verschieden. Bei einer Umstellung auf die Magnetbanderfassung brauchen unter Umständen im symbolischen Programm nur die Datei-Eintragungen geändert werden, wenn der Aufbau der logischen Datensätze gleich bleibt. Das Duplizieren der für mehrere Belege gleichbleibenden Informationen, wie beispielsweise Kunden- oder Lieferanten-Nummer, wird wie beim Lochen automatisch bei der Erfassung besorgt. Anders ist es, wenn bei der Datenerfassung mit sogenannten Vorlaufinformationen gearbeitet wird.

Vorlaufinformationen werden mit besonderen Kennzeichen versehen (Wort- oder Satzmarken). Sie geben einmal an, welchem Ordnungsbegriff die folgenden Daten zuzuordnen sind.

Die Zuordnung erfolgt so lange, bis die Datenfolge durch eine neue Vorlaufinformation unterbrochen wird.

Ein Ordnungsbegriff für die Bestimmung der Zuordnung kann beispielsweise die Nummer eines Kunden sein.

Bei der Datenerfassung für Mandanten-Buchhaltungen werden auf diese Weise die Buchführungsdaten der verschiedenen Mandanten voneinander getrennt.

Die Verarbeitung derart aufgebauter Daten ist schwieriger und verlangt einen größeren Programmieraufwand. Hinzu kommt, daß die Fehler, die bei der Datenerfassung gemacht werden, ebenfalls nur durch das Programm korrigiert werden können.

Beim Lochen und Prüfen erfolgt das Aussortieren der fehlerhaft erfaßten Informationen bereits im Lochsaal.

In einem Unternehmen werden natürlich nicht nur Daten eines bestimmten Fachgebietes verarbeitet. Aus vielen Bereichen sind die Informationen zu erfassen und zu verarbeiten.

Bei einer Umstellung der Datenerfassung muß daher in jedem Fall berücksichtigt werden, welchen Umfang die angestrebten Änderungen haben, welche Programme davon betroffen sind und ob die Programmierkapazität überhaupt ausreicht, die notwendigen Änderungen zum vorgesehenen Zeitpunkt durchführen zu können. Man wird sich notfalls dazu entschließen müssen, nur einen Teil der Daten mit den neuen Maschinen zu erfassen und mit dem Rest so lange in der bisher üblichen Weise zu verfahren, bis eine sichere Umstellung erfolgen kann. Gegebenenfalls muß vorübergehend der Datenaufbau auf den neuen Datenträgern so gestaltet werden, wie er bisher bestand, damit der Programmieraufwand im Anfang klein bleibt. Später können dann die Erfassungsmethoden nach und nach geändert werden.

Die Erfasserinnen selbst müssen sich nicht nur mit den neuen Maschinen und Techniken auseinandersetzen, sondern auch lernen, die anders gearteten Erfassungsmethoden zu verstehen und anzuwenden. Um richtig arbeiten zu können, muß man die Einzelheiten verstanden und die Zusammenhänge erkannt haben.

Bei der Unterweisung der Damen muß dies berücksichtigt werden.

Es ist jedoch nicht ausreichend, daß alleine Wissen vermittelt wird: Ein Quentchen Überzeugung darf nicht fehlen.

Die Damen müssen wissen, warum die neuen Dinge notwendig sind. Sie sollten möglichst davon überzeugt werden, daß die Sache gut ist. Wenn dies gelingt, ist schon viel erreicht worden.

Die Unterweisungen müssen so ausführlich wie möglich sein. Die mündlich gegebenen Informationen sind durch schriftliche Ausführungen und notwendige bildliche Darstellungen zu ergänzen. Die Praxis hat gezeigt, daß es nicht genügt, wenn man alle Einzelheiten zusammenfaßt und den Erfasserinnen als Arbeitsunterlage zur Verfügung stellt. Nur wenige sind befähigt, alleine mit Hilfe gedruckter Arbeitsanweisungen das notwendige Wissen zu erarbeiten. Schulung muß sein. Wer glaubt, auf sie verzichten zu können, wird eine bittere Enttäuschung erleben. Schriftliche Anweisungen und bildliche Darstellungen, die mehr der Dokumentation dienen und nicht zur Förderung des Verständnisses beim Unterricht entwickelt wurden, dienen besser den ausgebildeten Damen als Nachschlagewerk, in dem sie sich im Zweifelsfall informieren können.

Die theoretischen Unterweisungen müssen in jedem Fall durch praktische Übungen an den neuen Geräten ergänzt werden. Die Zusammenhänge werden während der Umschulung von den einzelnen Damen nur unvollständig erkannt. Erst mit der zunehmenden Praxis wächst das Verständnis und die Sicherheit. Diese so früh wie möglich zu erreichen, ist das Ziel eines guten Ausbilders.

Ein Patentrezept für erfolgreiche Umstellungen der Datenerfassung, das jedem Umstand gerecht wird, kann selbstverständlich hier nicht gegeben werden. Die Probleme werden sich von Fall zu Fall anders gestalten.

Es folgt abschließend eine Übersicht, aus der zu ersehen ist, welche Umstände erleichternd bzw. erschwerend auf eine Umstellung einwirken.

E r l e i c h t e r n d wirken sich die folgenden Dinge aus:

Eine ausreichende Vorbereitungszeit;

Beibehaltung des bisherigen Datenaufbaues;

schrittweise Umstellung einzelner Arbeitsgebiete;

die Bereitstellung von ausführlichen und übersichtlichen Arbeitsunterlagen;

eine gründliche und rechtzeitige Unterweisung der betroffenen Mitarbeiter;

das Vorhandensein und die Förderung der Bereitschaft zur Mitarbeit;

eine gute Unterstützung bei der Umstellung durch die Fachberater der Hersteller der neuen Erfassungsmaschinen;

ein guter Stamm von eingearbeiteten Erfasserinnen, die außer den bisherigen Erfassungsmethoden auch die sachlichen Voraussetzungen für eine gute Datenerfassung kennen;

eine ausreichende freie Programmierer-Kapazität zur Durchführung der notwendigen Programmänderungen;

die exakte Einhaltung der vorgesehenen Maschinen-Liefertermine.

E r s c h w e r e n d wirkt sich somit aus, wenn eine oder mehrere der vorhergehend genannten Bedingungen nicht gegeben ist (sind).

Eine erfolgreiche Umstellung wird demnach durch das Vorhandensein möglichst vieler positiver Faktoren geprägt. Jeder Verantwortliche sollte dies wissen und die Entwicklung so beeinflussen, daß am Ende der Erfolg steht, — zeitgerecht, versteht sich.

5.3 Einführung einer neuen Programmiersprache

5.3.1 Gründe für die Einführung einer neuen Programmiersprache

Jeder, der die Mühe auf sich nimmt, eine neue Programmiersprache in seinem Unternehmen einzuführen, verspricht sich davon einen

Vorteil, der über dem Aufwand liegt, der durch die Einführung entsteht.

Interessant ist es in diesem Zusammenhang, ob es um die Einführung einer Haupt- oder einer Nebensprache geht. In der Regel wird eine Erweiterung der Möglichkeiten angestrebt, die Assembler-Programme bieten (auch wenn sie anders genannt werden) oder es erfolgt eine völlige Abkehr von ihnen.

Unter Einführung einer Nebensprache ist zu verstehen, daß die gegenwärtig benutzte Programmiersprache auch künftig angewendet werden soll. Sie verliert nichts von ihrer Bedeutung. Die Nebensprache (zum Beispiel RPG) wird nur dann benutzt, wenn dies vorteilhaft und überhaupt möglich ist.

Anders verhält es sich, wenn eine neue Programmiersprache Hauptsprache werden und die gegenwärtig verwendete teilweise oder ganz ersetzen soll.

Die neue Programmiersprache wird in den meisten Fällen problemorientiert sein. Die Bezeichnung »problemorientiert« stellt den Gegensatz zu »maschinenorientiert« dar.

Maschinenorientiert ist eine Programmiersprache, wenn die symbolischen Instruktionen in ihrem Aufbau dem Aufbau der echten Maschineninstruktionen entsprechen und wenn bei der Umwandlung eines Programmes jede vom Programmierer geschriebene symbolische Instruktion durch eine Instruktion in der jeweiligen Maschinensprache ersetzt wird.

Ausgenommen sind hiervon die sogenannten Makro-Instruktionen, deren Anwendung zur Generierung einer Kette von Instruktionen führt, deren Länge — abhängig vom Übersetzer und der Art der Instruktionen — verschieden ist.

Assembler-Programme sind maschinenorientiert. Der Programmierer, der im Assembler programmiert, muß in der kleinsten Einheit (der Instruktion) denken und das jeweilige Problem bis in diese letzte Einheit zergliedern.

Problemorientierte Übersetzungsprogramme, dazu gehören zum Beispiel FORTRAN, COBOL und PL/I, benutzen sogenannte höhere Programmiersprachen. Sie sind — aus der Sicht des Programmierers gesehen — nicht an ein bestimmtes Computersystem gebunden. Eine Umsetzung erfolgt nicht mehr von Instruktion zu Instruktion. Es werden ganze Sätze (Sentences), auch Ausdrücke genannt (Expressions), in die entsprechende Folge von Maschineninstruktionen übersetzt.

Folgende Dinge können Ursache für die Verwendung einer neuen Programmiersprache sein:
1. Die Gewinnung neuer Programmierer-Kapazität.
2. Zur Erleichterung möglicher künftiger System-Umstellungen und zur Erlangung der Unabhängigkeit vom Computer-Hersteller.
3. Zur Sicherung zwischenbetrieblicher Programmaustauschbarkeit, zum Beispiel in einem Konzern.
4. Zur Verbesserung der Dokumentation und der Programmpflege.
5. Zur Verkürzung der Test- und Maschinenzeiten.

Die Erleichterung möglicher künftiger Systemumstellungen, verdann nicht, wenn bereits kräftig mit der neuen Sprache gearbeitet Hersteller, sowie die Sicherung zwischenbetrieblicher Austauschbarkeit von Programmen sind Begründungen, die am häufigsten gegeben werden, wenn man nach den Gründen fragt, die zur Verwendung einer höheren Programmiersprache führten, die systemunabhängig ist wie beispielsweise COBOL.

Von der Einführung einer höheren Programmiersprache als Hauptsprache, wobei gleichzeitig eine Abkehr vom Assembler erfolgt, verspricht man sich auch eine Erweiterung der ach so knappen Programmierkapazität.

Der Gewinn soll bei ca. 30% liegen. Er soll zum Teil dadurch erreicht werden, daß man den Programmierern erspart, bis zur letzten Instruktion zu denken und ihnen die Möglichkeit gibt, ihre Gedanken dem System in einer Form darzubringen, die der normalen Schreibweise (in Englisch) gleicht.

Als weiterer Vorteil der höheren Programmiersprachen wird außerdem von vielen gepriesen, daß sich die Programmierer gar nicht um die Maschinensprache des jeweiligen Systems zu kümmern brauchen, wie das beim Assembler der Fall ist.

Durch das Fehlen maschinenorientierter Probleme wird Kapazität frei, die zur Lösung fachlicher Aufgaben eingesetzt werden kann.

Dieser Kapazitätsgewinn wird im allgemeinen überschätzt. Ein Vorteil wird mit Sicherheit zugunsten der höheren Programmiersprachen entstehen, wenn diese von den Programmierern beherrscht werden.

Bei einer Umstellung wird allerdings erst einmal ein Kapazitätsverlust die Folge sein.

5.3.2 Probleme bei der Einführung einer neuen Haupt-Programmiersprache

Es wird vorausgesetzt, daß es sich um eine problemorientierte Programmiersprache handelt. Die folgenden Dinge sind zu beachten. Sie dürfen in ihrer Bedeutung nicht unterschätzt werden:

1. Da, wie bereits angedeutet wurde, mit Sicherheit ein Verlust an Programmierkapazität entsteht, muß der Zeitpunkt einer Umstellung wohl bedacht werden.

2. Ein echter Vorteil bezüglich einer Kapazitätserweiterung läßt sich wohl erst dann erreichen, wenn die neue Programmiersprache von den Programmierern beherrscht wird. Den gewonnenen Vorteil klar zu messen, dürfte allerdings nur einem Experten gelingen. Bevor man jedoch zum Könner wird, muß man sich erst einmal über den Computer mit dem Compiler auseinandersetzen.

Der Anfänger wird manche bittere Überraschung erleben, wenn er mit den ersten Umwandlungen zu tun hat. Er wird erkennen, daß er auf den Lehrgängen manches falsch oder gar nicht verstanden hat. Hinzu kommt leider — und das ist oft fatal — daß manche Compiler auch noch ihre Mucken haben und unter bestimmten Bedingungen Fehler machen, die nur der Erfahrene umgehen kann.

Die Systemberater der Hersteller kommen oft in arge Verlegenheit, wenn sie zur Abhilfe aufgefordert werden. Verschämt können sie nur manchmal auf die nächste Ausgabe des Software-Paketes hinweisen, das den beanstandeten Fehler nicht mehr macht, dafür jedoch unter Umständen wieder andere Mängel aufweist.

Bisher wurde von den Schwierigkeiten berichtet, die mit der Einführung einer neuen Hauptsprache zusammenhängen. Es soll in diesem Zusammenhang erwähnt werden, daß auch ein erfahrener Programmierer mit Schwierigkeiten zu ringen hat, wenn er bei gleicher Programmiersprache auf den Compiler eines anderen Herstellers umsteigen muß.

Jeder Compiler hat seinen eigenen Charakter. Ein Programm, das in COBOL geschrieben wurde und zum Beispiel mit der Anlage eines Herstellers gefahren werden kann, braucht auf der Anlage eines anderen Herstellers keinesfalls zu laufen.

In der Regel streikt schon der Compiler bei der ersten Umwandlung, weil bei der Codierung nicht beachtet wurde, daß gewisse kleine Unterschiede bestehen. Sind diese erst einmal beseitigt worden, so daß ein Compilerlauf abgeschlossen werden kann, dann werden die charakteristischen Eigenheiten des Compilers erkennbar, die auch einem erfahrenen Programmierer manche harte Nuß zu knacken geben können.

Eine Systemumstellung bringt somit auch in diesem Bereich Schwierigkeiten, die von den Verantwortlichen auf jeden Fall bedacht werden sollten.

3. Programme, die in einer »problemorientierten Sprache« geschrieben wurden, beanspruchen mit Sicherheit mehr Speicherplatz als Assembler-Programme. Hinzu kommt, daß zumindest die interne Laufzeit länger ist. Die Größe des Kernspeichers der jeweiligen Anlage und der Umfang der Programme stehen in einem unmittelbaren Verhältnis zueinander.

Falls Programme besonders umfangreich sind und schon als Assembler-Programme viel Speicherplatz benötigen, kann es Schwierigkeiten geben, wenn diese Programme einmal umgeschrieben werden. Diese Schwierigkeiten dürfen nicht unterschätzt werden.

Die vorherige Bestimmung des Speicherbedarfes für neue Programme in problemorientierter Sprache ist nach dem gegenwärtigen Stand der Computerkapazität noch immer eine wichtige Angelegenheit, die allerdings kaum einem Anfänger gelingen wird.

Erfahrungen, die mit problemorientierten Sprachen gesammelt wurden, zeigen, daß mit einem Mehrbedarf an Speicherplatz von ca. 30 % zu rechnen ist.

Nur der erfahrene Programmierer weiß, wie eine Einsparung erreicht werden kann. Er gewinnt diese Kenntnisse durch ein gründliches Studium der Umwandlungslisten, aus denen zu ersehen ist, in welche Maschinenkonstruktionen der Compiler das Programm auflöste.

Der Programmierer, der seine Arbeit ernst nimmt, wird die gewonnen Erkenntnisse so verwerten, daß der Speicherbedarf sinkt.

Die Datenbeschreibung ist dabei von entscheidender Bedeutung. Hier zeigt sich, daß das Wissen um die einzelne Instruktion, die sehr maschinenbezogen ist, erst die Einsparungen ermöglicht.

Auch der Programmierer, der heute eine höhere Programmiersprache benutzt, kann auf Assembler-Kenntnisse nicht verzichten. Oft auch deshalb nicht, weil sich manche Routinen im Assembler besser programmieren lassen.

Sie können in das in höherer Programmiersprache geschriebene Programm mit einbezogen werden: Mehr Speicherplatz also, längere Laufzeiten und zusätzliche Programmierer-Kenntnisse gehen mit der Verwendung einer höheren Programmiersprache noch heute einher. Künftig wird man großzügiger sein dürfen. Größere Zentralspeicher und höhere Arbeitsgeschwindigkeiten werden mit dazu beitragen.

4. Die Umwandlungszeiten sind für höhere Programmiersprachen größer als für Programme, die im Assembler geschrieben wurden.

Hinzu kommt, daß im Teststadium die Programme häufiger umgewandelt werden müssen, weil die Speicheradressen oft nicht bekannt sind. Dadurch können manche Assembler-Testhilfen, die eine Veränderung beliebiger Instruktionen ermöglichen oder das Einfügen zusätzlicher gestatten, nicht mehr verwendet werden.

In der Umstellungsphase wird mit Sicherheit mehr Maschinenzeit zum Testen erforderlich werden, bis die Programmierer die neuen Testhilfen gekonnt zu nutzen verstehen.

5. Wird auf eine Programmiersprache umgestellt, die nur von einem Hersteller entwickelt wurde, wie zum Beispiel PL/I von der IBM, dann sollte man sich darüber klar sein, daß man sich bewußt in eine Sackgasse begibt, die man nur rückwärts wieder verlassen kann.

Es ist zwar nicht so, daß man ein EDV-System wie ein Auto wechselt, doch sollte man sich nicht selbst der Möglichkeit berauben, einen Herstellerwechsel vornehmen zu können, wenn dies günstig ist.

Zwar sind auch die Assembler der verschiedenen Hersteller nicht gleich und lassen einen Austausch nicht zu, doch gibt es Übersetzungsprogramme, die die Assembler-Sprache eines Systems in die Assembler-Sprache oder Maschinensprache eines anderen Systemes übersetzen können. Man wird sich hierüber informieren müssen, bevor man einen entscheidenden Schritt unternimmt.

Mit der Weiterentwicklung der Hardware wird es künftig immer mehr Computer geben, die die Sprache jedes anderen Systems verstehen können, wodurch Sprachprobleme in künftigen Jahren an Bedeutung verlieren.

Vor einigen Jahren ist diese Entwicklung durch die sogenannte Verträglichkeit eingeleitet worden, durch die es möglich wurde, ohne Umprogrammierung die Umstellung auf ein neues Computersystem (allerdings vom gleichen Hersteller) durchzuführen.

6. Auch nach der Einführung einer neuen Hauptprogrammiersprache wird man noch mit Programmen arbeiten müssen, die in

der alten Programmiersprache geschrieben wurden. Dies wird unter Umständen noch nach Monaten oder Jahren der Fall sein. Das ist deshalb so, weil kaum jemand die Zeit findet, alt eingefahrene Programme umzuschreiben. Nicht zu vergessen sind selbstverständlich auch die zusätzlichen Kosten, die mit dieser Arbeit verbunden sind.

In vielen Fällen wird es sich auch nicht vermeiden lassen, zur alten guten Assembler-Sprache zurückzugreifen, und zwar auch dann nicht, wenn bereits kräftig mit der neuen Sprache gearbeitet wurde. Das kommt zum Teil daher, daß neue Programmierer eingestellt wurden, die diese Sprache noch nicht beherrschen, oder daß die eigenen Leute noch nicht die notwendigen Lehrgänge besuchen konnten.

7. Neue Programmiersprachen gehorchen oft anderen Gesetzmäßigkeiten und Regeln als die bisher genutzten Sprachen. Dies kann zu zusätzlichen Schwierigkeiten führen, wenn die Standardisierung der Programmierung (genormte Programmierung) bereits in einem fortgeschrittenen Stadium ist. Es werden zum Beispiel die bisher verwendeten Datei-Beschreibungen, die auf der Systemplatte gespeichert wurden, nicht mehr benutzt werden können, da die neuen Compiler ein anderes Format verlangen. So muß auch in diesem Bereich dafür gesorgt werden, daß die notwendigen Informationen geschaffen werden und daß zweigleisig gefahren werden kann.

5.4 Einführung eines neuen Operating-Systems

5.4.1 Allgemeines

Ein Betriebssystem hat — vereinfacht gesehen — die folgenden Aufgaben:

    Überwachung des Programmablaufes
    Kontrolle der Arbeitsfolge und Überleitung von einem Programm zum nächsten
    Daten- und Dateikontrolle
    Verständigung zwischen System und Operator

Die Größe eines Operating-Systems und die Leistungen, die es bietet, sind abhängig von der Größe des Zentralspeichers des Computers, den es steuern soll.

Operating-Systeme haben den Nachteil, daß sie Speicherplatz benötigen, und zwar nicht zu knapp. Je mehr Komfort sie bieten, um so mehr Speicherplatz verlangen sie.

Da Computer von einer bestimmten Größe an ohne Operating-System nicht arbeiten können, sahen sich die Hersteller gezwungen, entsprechend der Größe ihrer Anlagen unterschiedliche Operating-Systeme zu entwickeln.

Der Benutzer wird sich für das Operating-System entscheiden, das zu seinem Computer paßt, ihm möglichst viel bietet und noch einen ausreichenden Speicherplatz für die Aufnahme der Arbeitsprogramme frei läßt.

Bezogen auf die Größenordnung und die Leistungsfähigkeit kann man die folgende Gruppierung vornehmen, der jedoch keine festen Grenzen gesetzt sind:

1. Ein Grundsystem, das auch Basis-Operating-System genannt wird

Es werden von ihm nur einfache Arbeiten ausgeführt, die hauptsächlich darin bestehen, die angeschlossenen peripheren Einheiten zu steuern und zu überwachen.

Die Verständigung zwischen System und Operator ist nur in beschränktem Umfang möglich. Zum Teil sind kleinere Computer nicht einmal mit einer Konsol-Schreibmaschine ausgerüstet.

Wenn keine Konsol-Schreibmaschine vorhanden ist, dann verbleibt dem Operator nur noch die Möglichkeit, über die Konsole der Zentraleinheit den Computer zu befragen oder einfach Informationen einzugeben, wenn eine Entscheidung erwartet wird.

Unterbrechungen an peripheren Einheiten werden nicht automatisch vom System behandelt, sondern im allgemeinen durch den Operator aufgehoben.

Höhere Programmiersprachen, wie beispielsweise COBOL oder PL/I, sind nur selten Bestandteil eines Basis-Betriebs-Systems. Assembler und RPG gehören jedoch in der Regel zur Grundausstattung.

Basis-Betriebssysteme gestatten ebenfalls kein MULTI PROGRAMMING, TIME SHARING oder DATEN-FERNVERARBEITUNG.

2. Ein Betriebssystem von mittlerer Größe

Es leistet alles, was auch das Basis-Betriebssystem bietet. Hinzu kommen noch die folgenden Dinge:

a) Es können Programmiersprachen wie FORTRAN, COBOL und PL/I benutzt werden, oft allerdings in sehr vereinfachter Form.

b) MULTIPROGRAMMING ist in bestimmtem Umfang möglich. Die Anzahl der Programme, die sich gleichzeitig im Zentralspeicher des Computers befinden, ist in der Regel sehr begrenzt.

Abhängig vom Hersteller und vom System sind die Leistungen jedoch verschieden. Manchmal ist eine feste Zuordnung des Speicherplatzes zum einzelnen Programm notwendig. Andererseits erfolgt die Speicherplatzzuordnung nach Bedarf (DYNAMIC STORAGE), was wesentlich eleganter ist.

c) Eingabe- und Ausgabeunterbrechungen werden automatisch durch das System aufgehoben, nachdem die Ursache, die zur Unterbrechung führte, beseitigt wurde (Datei-Ende, Lesefehler, Schreibfehler usw.).

d) Die Dokumentation über die Zusammenarbeit mit Dateien ist bedeutend besser. So wird zum Beispiel bei der Verwendung von Magnetbändern ein ausführliches Protokoll über Lese- und Schreibfehler ausgedruckt, das eine gute Übersicht über die Qualität der Bänder bzw. der Bandeinheiten gibt, die benutzt wurden.

Je größer die Leistung eines Betriebssystems wird, um so umfangreicher wird auch der Speicherbedarf, der dem System ständig zur Verfügung stehen muß und der zur Aufnahme der Objekt-Programme verlorengeht.

So wird allein durch den beschränkten Platz im Zentralspeicher eines kleinen Computers die Verwendung eines größeren Betriebssystems unmöglich, selbst wenn sonst alle anderen technischen Voraussetzungen gegeben waren.

Die folgenden Dinge werden unter anderem von einem Betriebssystem mittlerer Größe noch nicht erledigt:

1. TIME SHARING

Darunter ist zu verstehen, daß sich mehrere Benutzer die verfügbare Computerleistung teilen.

TIME SHARING setzt MULTIPROGRAMMING voraus, jedoch in einem weit größeren Umfang, als ein Betriebssystem von mittlerer Größe steuern kann.

Verbunden mit TIME SHARING ist im allgemeinen auch TELEPROCESSING, da die Computerbenutzer über eine Fernleitung mit der EDV-Anlage in Verbindung treten.

Über diese können sie zusammen mit anderen Teilnehmern an einem Standard-Programm teilnehmen oder auch ein spezielles Programm nutzen.

Die Steuerung der Bearbeitungsfolge macht ein umfangreiches Kontrollsystem in der Maschine notwendig.

2. EINE DYNAMISCHE VERARBEITUNGSFOLGE

Sie steht im Gegensatz zur sogenannten Stapelverarbeitung, die nur eine starre Abwicklung des einzelnen Programmes in der Folge des Job-Eingabestromes zuläßt.

Unter einer dynamischen Verarbeitungsfolge ist zu verstehen, daß das Betriebssystem freien Speicherplatz und unbenutzte Ein-/Ausgabeeinheiten automatisch dem Programm zuordnet, das noch ausgeführt werden kann, und zwar auch dann, wenn vorrangige Programme vorhanden sind, die wegen mangelnder Peripherie oder zu geringem noch verfügbaren Speicherplatz nicht laufen können.

Dies sind nur zwei Unterschiede, die für eine weitere Zahl von Beispielen Muster sein sollen.

3. *Ein großes Betriebssystem*

Seine Leistung schließt die der kleineren Betriebssysteme ein. Wie schon angedeutet wurde, gehen die Leistungen eines großen Betriebssystemes oft über die Leistungen kleinerer Betriebssysteme auch dann hinaus, wenn anscheinend gleiche Leistungen angeboten werden. Wurden zum Beispiel COBOL und PL/I als Grundausstattung für das mittlere Betriebssystem entwickelt, dann sind die gleichen Compiler mit Sicherheit für das große Betriebssystem von weit größerer Leistungsfähigkeit.

Die folgenden Dinge gehen in der Regel über die Leistung eines mittleren Betriebssystemes hinaus:

MULTIPROGRAMMING ist in einem größeren Umfang möglich als bei einem mittleren Betriebssystem.

TELEPROCESSING im TIME SHARING kann genutzt werden.

Die flexible Verarbeitung eines vorgeplanten Programmablaufes mit fester oder dynamischer Zentralspeicherzuordnung.

Die Anzahl der Ein- und Ausgabeeinheiten, die vom System gesteuert werden können, ist um ein Vielfaches größer. Es können außerdem zusätzliche Einheiten bedient werden. Dazu gehören beispielsweise: Plotter, Belegleser von hoher Leistungsfähigkeit und Bildschirmgeräte.

Vorher bestimmbare und durch das System kontrollierbare Programmlaufzeiten mit Hilfe einer im Computer befindlichen Zeitgeber-Einheit.

Bei Überschreitung der Vorgabezeit kann eine automatische Beendigung des Programmes erfolgen, das länger läuft als vorgesehen. Diese Einrichtung ist vor allem dann interessant, wenn im TIME SHARING gearbeitet wird und technisch-mathematische Probleme zu lösen sind.

Die echten Laufzeiten derartiger Programme, die meistens sehr rechenintensiv sind, lassen sich vor allem im Teststadium nicht genau abschätzen.

Da beim Eintritt in eine Programmschleife durch einen Programmfehler das Programm praktisch unendlich lange laufen und den Kernspeicher nutzlos belegen kann, ist diese Einrichtung sehr wertvoll. Sie räumt praktisch den Zentralspeicher auf und hält den Arbeitsfluß in Gang, eine Arbeit, die vor allem im CLOSED-SHOP-Betrieb und bei TELEPROCESSING nicht mehr von den Operators gemacht werden kann, da ihnen in der Regel das Fachwissen und die Übersicht über alle gerade laufenden Programme fehlen.

5.4.2 Was bei einer Umstellung zu beachten ist

Bei der Umstellung auf ein leistungsfähigeres Betriebs-System treten Probleme auf, die die gesamte EDV-Organisation, besonders im Bereich »Ausführung«, entscheidend beeinflussen können. In diesem Zusammenhang muß unterschieden werden, ob auf ein mittleres oder großes Betriebssystem umgestellt wird.

In den folgenden Ausführungen wird beschrieben, was beachtet werden muß, wenn eine Systemumstellung ohne Pannen verlaufen soll.

1. Es ist eine Person zu bestimmen, die mit den notwendigen Vollmachten ausgestattet ist und die das Projekt verantwortlich leitet.

2. Es ist von ihr eine Arbeitsgruppe für die Durchführung zu bilden.

3. Zuerst sind grundsätzliche Dinge zu klären. Dazu gehören die folgenden Punkte:

Die Klärung der Frage, ob alle oder nur ein Teil der Programme umgestellt werden sollen.

Die Erstellung eines Terminplanes, aus dem zu ersehen ist, welche Programme zu welchem Zeitpunkt geändert werden sollen.

Die Entscheidung, ob neue Projekte, die noch nach der alten Methode in Angriff genommen wurden, fortgesetzt werden sollen oder ob sie ebenfalls schon auf das neue System abzustellen sind.

Die Klärung, ob neue Programme, die noch nicht begonnen wurden, bereits auf das neue Betriebssystem umzustellen sind, noch nach der herkömmlichen Methode behandelt werden sollen oder zurückzustellen sind.

4. Es ist ein Schulungsplan aufzustellen, der für die folgenden Fachbereiche die Dinge zeigt, die wissenswert sind. Das bezieht sich auf:

Die EDV-Leitung
Die Systemanalytiker
Die Programmierer.

In diesem Bereich sollte die Unterweisung für System-Programmierer und Problem-Programmierer den unterschiedlichen Aufgabenbereichen angepaßt werden.

Die EDV-Leitung (Ausführung)
Die EDV-Arbeitsvorbereitung
Die EDV-Kontrolle
Die EDV-Operators.

Es ist dafür zu sorgen, daß das notwendige Wissen zur rechten Zeit vermittelt wird.

Abhängig vom Computer-Hersteller, von der Maschine und vom jeweiligen Betriebs-System werden die Anforderungen an das eigene Fachpersonal unterschiedlich sein.

Es ist deshalb zu empfehlen, Kontakt mit den EDV-Beratern der Hersteller-Firmen aufzunehmen und sich von diesen beraten zu lassen. In den meisten Fällen gibt es — bezogen auf das jeweilige EDV- und Betriebs-System — schon Planungsunterlagen, die vom Fachpersonal der Herstellerfirmen entwickelt wurden und die eine große Hilfe bei der Umstellung sein können.

Die Umstellung auf das neue System sollte anhand des Umstellungsplanes erfolgen.

Die Einhaltung der Vorgabewerte muß durch Kontrollen gewährleistet werden. Abweichungen vom Soll müssen untersucht werden, damit zum Beispiel die Ursache von Verzögerungen festgestellt und der Verlust aufgeholt werden kann.

Einzelheiten — bezogen auf Größe und Inhalt des geplanten Betriebs-Systems — sind festzulegen.

Zu diesen computerbezogenen Arbeiten, die von den Systemprogrammierern erledigt werden, gehören:

Die Festlegung des Leistungsumfanges des Betriebssystemes, das zur Ersparnis von Speicherplatz speziell für die Bedürfnisse des Benutzers zusammengestellt wird;

die Erstellung der für die Systemgenerierung notwendigen Steuerkarten, deren Aufbau, Inhalt und Bedeutung in der einschlägigen Fachliteratur, die vom jeweiligen Computer-Hersteller zur Verfügung gestellt wird, genau beschrieben ist;

Durchführung der Systemgenerierung unter Berücksichtigung der speziellen betrieblichen Erfordernisse und der Computerausstattung.

5. Die Schulung des restlichen EDV-Personals muß geplant und durchgeführt werden. Dies geschieht oft ebenfalls durch die Systemprogrammierer.

Zu ihren Aufgaben in diesem Bereich gehören die folgenden Dinge:

Die Ausarbeitung eines Bedienungs-Handbuches

Die Entwicklung von neuen Formularen zur Sicherung der Daten und eines korrekten Arbeitsablaufes

Die theoretische und praktische Schulung der Operators

Hierzu gehört die Übersetzung und Erläuterung der Systemnachrichten.

Unterrichtung der Programmierer über die Leistungsfähigkeit des neuen Betriebssystems,

Unterweisung derselben in der Nutzung der Leistung des Systems.

6. Es ist ein Dokumentations-System zu schaffen, mit dessen Hilfe genau bestimmt werden kann, welche Arbeiten innerhalb eines bestimmten Zeitraumes gemacht und welche Zeiten dafür im einzelnen aufgewendet wurden.

Ausgewiesen werden sollten die folgenden Dinge:

die P r o g r a m m - N r.
das T a g e s d a t u m
die aufgewendete M a s c h i n e n z e i t (von — bis)
ein K e n n z e i c h e n, das über die Art der durchgeführten Arbeiten Auskunft gibt, zum Beispiel:

1 — Normaler Programmlauf
2 — Wiederholungslauf
3 — ungültiger Lauf
4 — Umwandeln eines Programmes
5 — Testen eines Programmes
6 — Unvorhergesehene Ausfallzeit
7 — Technikerzeit

Mit diesen Informationen läßt sich genau bestimmen, wie der Computer genutzt wurde und zu welchen Zeiten welche Belastungen auftraten.

Es wurde bereits darauf hingewiesen, daß sich im Bereich »Ausführung« — also im Maschinenraum — unter Umständen Änderungen ergeben, die weit über eine Veränderung der Maschinennachrichten hinausgehen. Besonders die Einführung von MULTIPROGRAMMING und TIME SHARING macht es notwendig, die Qualität der Operators wesentlich zu verbessern. Die folgende Aufgabenteilung hat sich bereits bewährt und ist zu empfehlen:

A r b e i t s v o r b e r e i t u n g

Diese Gruppe plant in Übereinstimmung mit dem Gesamt-Arbeitsplan die durchzuführenden täglichen Arbeiten. Es werden von ihr die notwendigen Steuerkarten gelocht und die erforderlichen Datenträger (Bänder, Platten, Karten, Streifen usw.) bereitgestellt.

K o n s o l - O p e r a t o r

Von den Fähigkeiten dieser Person hängt es ab, in welchem Umfang die Anlage genutzt werden kann. Hier muß ein Könner sitzen, für den es keine Zweifel geben darf und der jede unvorhergesehene Unterbrechung souverän beherrscht. Er ist Dirigent und Steuermann in einer Person.

Peripherie-Operator

Er sorgt dafür, daß die notwendigen Daten und Datenträger dem Ablauf entsprechend dem System zur Verfügung gestellt bzw. entfernt werden. Er hat die Anweisungen des Konsoloperators auszuführen und ist diesem unterstellt.

Archivar

Er sorgt dafür, daß alle Daten, wie

Magnetbänder
Magnetkarten-Magazine
Magnetplatten u. a.

in die vorbereiteten Formulare eingetragen, mit den erforderlichen Etiketten versehen und archiviert werden.

Er kann der Gruppe »Arbeitsvorbereitung« zugeordnet werden und hat dann auch gleichzeitig für die Bereitstellung der für die Verarbeitung notwendigen Daten zu sorgen.

5.5 Computer-Umstellung

5.5.1 Allgemeines

Auch zu diesem Thema kann im Bereich dieses Buches nur Grundsätzliches gesagt werden.

Für den speziellen Fall werden mit Sicherheit vom jeweiligen Computerhersteller die notwendigen Unterlagen und/oder die erforderliche Unterstützung zur Verfügung gestellt.

Unter einer Computer-Umstellung im Sinne dieser Arbeit ist zu verstehen, daß ein bereits vorhandener Computer durch einen anderen ersetzt wird. Die Umstellung von konventionellen Datenverarbeitungsmaschinen auf die EDV soll hier nicht behandelt werden. Dafür werden die Probleme aufgezeigt, die unter den folgenden Bedingungen entstehen:

a) Bei der Umstellung auf den Computer eines anderen Herstellers,
b) bei der Umstellung auf den Computer des gleichen Herstellers.

5.5.2 Wechsel auf den Computer eines anderen Herstellers

Die Vertreter der Computer-Hersteller sind rührige Leute. Sie verstehen es ausgezeichnet, die Leiter von EDV-Abteilungen davon zu überzeugen, daß sie — und das unter Umständen schon seit Jahren — den verkehrten Computer benutzen.

Meistens liegt das nicht an der Peripherie, sondern an den unsichtbaren, aber deshalb nicht weniger wichtigen internen Eigenschaften, wie:

> höhere interne Übertragungsgeschwindigkeit,
> besseres Kanalsystem und sonstige Ausstattung schon in der Standardausrüstung,
> bessere Pufferung der Daten-Ein- und Ausgabe,
> teilweise auch schnellere Peripherie bei niedrigerem Preis.

Zu allen diesen Vorteilen gesellt sich noch die geringere monatliche Maschinenmiete.

Fast selbstverständlich ist es, daß auch keine Schichtmiete mehr gezahlt zu werden braucht, ganz zu schweigen von einmaliger Aufstellungsgebühr.

EDV-Manager geben sich im allgemeinen keinen Gefühlsduseleien hin. Sie sind gewohnt, Fakten abzuwägen und die Vernunft bei ihren Entscheidungen mitsprechen zu lassen.

Wer sich zu der Entscheidung durchgerungen hat, den Computer eines anderen Herstellers im Austausch gegen ein bereits laufendes System zu installieren, sollte jedes Für und Wider gründlich erwogen haben.

Die Gründe, die zu einem Austausch führen, können folgende sein:

a) Bei gleicher monatlicher Maschinenmiete eine **größere Maschinenleistung** — eine **Kapazitätserweiterung**, also ohne Mehrkosten, wenn man einmal die Umstellungsarbeiten unberücksichtigt läßt.

b) Bei gleicher Maschinenleistung eine **geringere Monatsmiete**. Das ist vor allem dann interessant, wenn die Maschinenauslastung nach dem Austausch so ist, daß noch eine genügend große Leistungsreserve verbleibt.

c) Ausrichtung auf andere gleichartige Computer, zum Beispiel innerhalb eines Konzerns. In diesem Fall sind die finanziellen Überlegungen oft zweitrangig. Sie kommen nach den gemeinsamen Interessen und dem Bedürfnis nach Sicherheit, Gleichförmigkeit und Austauschbarkeit.

d) **Unzufriedenheit mit der Leistung des Computers** und dem Service bzw. der Software des Herstellers bei gleichzeitig vorhandenem **Erweiterungsbedarf**.

Dies führt manchmal zu einem Herstellerwechsel, zu dem mehr die Gefühle als der Verstand beitragen.

Aus welchen Gründen auch immer ein Wechsel eintritt — es muß etwas Positives dabei herauskommen.

Die folgenden Dinge wirken sich **hindernd** auf einen Computeraustausch aus. Sie müssen genau geprüft werden, damit ihre Auswirkungen auf das Umstellungsergebnis im voraus klar erkannt werden kann:

a) Das neue System benutzt im Zentralspeicher eine **andere Darstellungsform (Datenverschlüsselung)** als das System, das bisher eingesetzt wurde. Selbst bei gleicher Programmiersprache (zum Beispiel COBOL) würde sich der strukturelle Aufbau der verschiedenen Datenfelder einzelner Dateien wesentlich ändern, und zwar so, daß der gegenwärtige Aufbau nicht beibehalten werden kann.

Es ist somit nicht allein damit getan, daß man Programme erneut umwandelt, um sie auf der neuen Anlage zum Laufen zu bringen. Abhängig von dem Computer-System und den betreffenden Compilern werden die nötigen Umstellungsarbeiten verschieden sein. In ihrem Umfang sind sie jedoch keinesfalls zu unterschätzen.

Nicht vergessen darf man in diesem Zusammenhang, daß Sonderprogramme geschrieben werden müssen, um bestehende Dateien auf das neue Format umzustellen.

b) Für den neuen Computer muß eine **neue Programmiersprache** eingesetzt werden. Verträglichkeit besteht nicht.

Die bisher benutzten Sprachen sind damit nicht mehr verwertbar. Dies hat zur Folge, daß die bestehenden und noch aktiven Programme auf das neue System umzuschreiben sind. Dies stellt bei zahlreichen und leistungsstarken Programmen unter Umständen einen großen Aufwand dar, der die Leistung der Programmierer auf lange Zeit binden kann.

c) Die **Ausrüstung des neuen Computers weicht** von der Ausrüstung des bisher verwendeten Systems ab. Wurden beispielsweise Bandeinheiten durch Platteneinheiten ersetzt, dann müssen die bestehenden Programme — ohne Berücksichtigung weiterer Arbeiten — auf die neuen Geräte umgeschrieben werden. Unter Umständen wird dadurch der gesamte bestehende Programmaufbau verändert.

d) Die **Zeichendichte der Banddaten**, bzw. die Datenverschlüsselung, ist **verschieden**. Das bedeutet, daß

Bänder, die mit der alten Anlage beschrieben wurden, mit der neuen nicht mehr gelesen werden können, eine Tatsache, die nicht übersehen werden sollte.

e) Bedingt durch die anders geartete Hard- und Software wird eine erneute Schulung des beteiligten EDV-Personals notwendig. Durch diese oft nicht unbedeutende Arbeit entstehen Zeitverluste und Kosten, die empfindlich spürbar werden können.

f) Der Einsatz eines größeren Computers kann dazu führen, daß eine Klima-Anlage installiert werden muß. Auch die damit zusammenhängenden Kosten können beachtlich sein.

g) Die für die Umstellung der Programme notwendige Zeit ist knapp. Wenn der neue Computer steht, dann sollen alle Programme so schnell wie möglich laufen, damit keine Terminschwierigkeiten entstehen und doppelte Machinenmieten vermieden werden.

Um zu verhindern, daß tägliche Terminarbeiten nicht eingehalten werden, ist dafür zu sorgen, daß besonders die Programme, die zur Erledigung kurzfristiger Arbeiten eingesetzt werden sollen, mit Vorrang behandelt werden.

Zur Umstellung monatlich, vierteljährlich, halbjährlich oder jährlich laufender Programme kann man sich die Zeit etwas besser einteilen und braucht mit der Vorbereitung dafür erst dann zu beginnen, wenn die neue Anlage bereits installiert ist.

h) Man sollte vorsichtig sein und damit rechnen, daß bei der Installation der neuen Maschine etwas schiefgeht und die geplanten Umbautermine nicht eingehalten werden können.

Es ist deshalb rechtzeitig dafür zu sorgen, daß entweder auf der alten Anlage weitergefahren werden kann oder daß durch die Herstellerfirma, die den neuen Computer liefert, eine Ausweichanlage bereitgestellt wird, die so lange benutzt werden kann, bis die Installation erfolgreich abgeschlossen ist. Von der Gründlichkeit der Vorbereitungen auf allen Ebenen hängt es ab, ob das gesetzte Ziel erreicht werden kann. Der Fortschritt der Arbeit ist genau zu kontrollieren. Wenn dringende, täglich zu erledigende Termine unbedingt eingehalten werden müssen, und Ausweichmöglichkeiten schlecht oder gar nicht genutzt werden können, dann muß folgendes angestrebt werden:

Die Installation des Computers sollte nach Möglichkeit auf ein Wochenende verlegt werden. Bei entsprechender Vorbereitung durch die Techniker ist es möglich, den Aufbau einer mittleren Anlage innerhalb von drei Tagen durchzuführen.

Das notwendige Betriebssystem muß bereits vor der Installation des Computers auf einer Anlage des Herstellers umgewandelt und getestet werden.

Die wichtigsten Programme, die unmittelbar nach der Installation des neuen Computers laufen sollen, sind ebenfalls vorher auf der Anlage des neuen Herstellers umzuwandeln und zu testen.

Dateien, die kurz nach der Installation benötigt werden, sollten ebenfalls vorher im Rechenzentrum des Herstellers erstellt werden, damit sie sofort nach der Umwandlung für die Verarbeitung bereitstehen.

P o s i t i v auf eine Computerumstellung wirkt sich selbstverständlich aus, wenn die als nachteilig aufgeführten Dinge n i c h t vorkommen und eine Verwendung bestehender Dateien, Programme und Programmiersprachen auch nach Computer- und Herstellerwechsel möglich ist.

5.5.3 Umstellung auf einen anderen Computer des gleichen Herstellers

Nachteilig für eine Computer-Umstellung ohne Herstellerwechsel sind ebenfalls die bereits unter 5.5.2 aufgeführten Punkte. Im Normalfall ist es jedoch so, daß beim Umsteigen auf den nächst größeren Computer des gleichen Herstellers die bereits aufgezeigten Nachteile nicht auftreten.

Die bisher verwendeten Programmiersprachen, die Maschinensprache und die interne Darstellung der gespeicherten Informationen bleiben in der Regel gleich.

Falls auf der neuen Anlage auch das gleiche Betriebssystem gefahren werden kann, sind die Umstellungsprobleme bereits um einen beachtlichen Teil zusammengeschrumpft.

Es verbleiben dann hauptsächlich die folgenden Arbeiten:

1. Die Einbeziehung einer erweiterten oder veränderten Peripherie. Die Probleme sind hier wie bei der Umstellung auf den Computer

eines fremden Herstellers. Wurde die Ausrüstung zum Beispiel um Platteneinheiten erweitert, dann kann es durchaus vorteilhaft sein, wenn bestehende Bandprogramme auf Plattenprogramme umgeschrieben werden. Man kann sich damit jedoch noch Zeit lassen, wenn die Bandeinheiten auch künftig verwendet werden.

2. Abhängig von der veränderten Peripherie und dem größeren Zentralspeicher müssen alle bestehenden und lebenden Programme für die Verarbeitung auf der neuen Anlage umgewandelt werden.

3. Es ist ein Änderungslauf für das Betriebssystem durchzuführen, um dieses auf die neuen Verhältnisse abzustimmen.

4. Zur Sicherung kurzfristiger Termine sollte der Systemaustausch ebenfalls möglichst auf ein Wochenende verlegt werden. Die Generierung des Betriebssystems, die Umwandlung und das Testen der Programme, die zuerst laufen müssen, sollten möglichst vorher auf einer Anlage des Herstellers gemacht werden, damit bis zur Aufnahme der täglichen Arbeiten möglichst wenig Zeit vergeht.

5. Die notwendige Schulung des Fachpersonals wird — wenn das alte Betriebssystem auch künftig benutzt wird — nur von geringer Bedeutung sein. Sie wird sich im allgemeinen auf die Nutzung der erweiterten Maschinenausrüstung und des größeren Zentralspeichers beschränken.

Allerdings kann — bedingt durch den größeren Speicherplatz — die Einführung von Multiprogramming, Teleprocessing oder Datenerfassung im on-line-Betrieb geplant worden sein. Das macht selbstverständlich eine gründliche Schulung der Programmierer, des Bedienungspersonals und der Datenerfasserinnen notwendig.

Damit in diesem Bereich keine Terminverzögerungen entstehen, ist ein Zeitplan aufzustellen, dessen Einhaltung in sicheren Zeitabständen kontrolliert werden muß.

Erfolgt mit der Umstellung auf den neuen Computer auch die Umstellung auf ein anderes Betriebs-System, dann sind zusätzlich zu den hier aufgeführten Punkten die Dinge zu beachten, die im Abschnitt 5.4 (Einführung eines neuen Operating-Systems) aufgeführt wurden.

6. Fremde Programmierer im Haus

Die Zahl der Beratungsunternehmen, die neben anderen Leistungen auch Programmierhilfe anbieten, wächst ständig. Dies beweist, daß anscheinend ein großer Bedarf auf diesem Gebiet besteht — und daß sich das Geschäft lohnt.

Sinn dieses Artikels soll es sein, zu untersuchen, warum und unter welchen Bedingungen fremde Beratungsunternehmen — oder Programmiererteams — mit Programmmieraufgaben betraut werden.

Die folgenden Ausführungen sind auf Unternehmen abgestimmt, die außer Haus keine Standard-Programme nutzen können oder wollen und solche, die zumindest einen Computer von mittlerer Größe in ihrem Hause einsetzen.

Generell gesehen gibt es zwei Gründe, die zur Erteilung von Programmieraufträgen führen. Es sind die folgenden Dinge:

a) man w i l l nicht programmieren
b) man k a n n nicht programmieren

Diese beiden Bedingungen sollen anschließend eingehender erläutert werden.

1. Man will nicht programmieren

Warum das so ist, läßt sich nicht mit wenigen Worten sagen. Meist sind die Beweggründe vielschichtig und nicht klar durchschaubar.

Übersichtlicher wird es, wenn man zwei Gruppen bildet und jede einzeln betrachtet.

a) Die Datenverarbeitung a u ß e r H a u s mit einem fremden Computer.
b) Die Datenverarbeitung mit einer e i g e n e n E D V - A n l a g e.

Zu a)
Man hat sich ausgerechnet — oder glaubt —, daß die Unterhaltung einer Programmierabteilung auf die Dauer teurer ist als die einmalige Programmerstellung und die anschließende Programmpflege durch ein fremdes Programmiererteam. Der Einsatz eines Computers kommt wegen der Größe der Firma nicht in Frage.

Wenn die zu lösenden Probleme relativ einfach und leicht überschaubar sind, und außerdem in der Zukunft mit nur geringen Programmänderungen zu rechnen ist, dann besteht gerade bei einer Datenverarbeitung a u ß e r H a u s die Möglichkeit, daß man sich richtig entschieden hat.

Die Programmierung wird — wenn man nicht nur Standard-Programme benutzt — dann meistens von den Fachleuten eines Beratungsunternehmens oder des Rechenzentrums gemacht. Doch selbst bei dieser Art der Computernutzung lohnt es sich, gründlich und kritisch ans Werk zu gehen, alle Fakten zu sammeln und eine genaue Kostenrechnung vorzunehmen. Unter Umständen wird man erkennen, daß es vor allem bei größeren Projekten, die viele Programmänderungen erfordern, günstiger ist, ständig einen oder eine Gruppe von eigenen Programmierern zu beschäftigen, als häufig die Leistung fremder Unternehmen zu beanspruchen, und zwar auch dann, wenn man keinen eigenen Computer nutzen kann.

Ob sich unter diesen Voraussetzungen allerdings fähige Programmierer mit dem gewünschten Beharrungsvermögen finden lassen, muß bezweifelt werden. Oft führt der Einsatz von fremden Programmierern auch dazu, daß notwendige Programmänderungen mit Verspätungen eingefügt werden, und zwar immer erst dann, wenn es gar nicht mehr anders geht.

Außer den hier möglichen höheren Kosten kann durch die noch unverändert gebliebenen Programme ein Mangel an Aussagekraft entstehen, der zu einer weiteren Erlösschmälerung führt. Hinzu kommen weitere Fakten, die für die Programmierung durch eigene Programmierer sprechen:

Auch der beste Programmierer macht Fehler, denn das hundertprozentige Testen eines Programmes mit all seinen Varianten und Möglichkeiten ist sehr schwierig. Das Erstellen von Testdaten, die alle Vorgänge brücksichtigen, kann — abhängig von der gestellten Aufgabe — eine beachtliche Zeit dauern und einen großen Kostenfaktor darstellen.

Es ist selbstverständlich, daß äußerste Sorgfalt beim Testen der Programme vorausgesetzt wird, erst recht dann, wenn ein fremdes Unternehmen an einem Projekt beteiligt ist.

Trotz der besten Planung und gründlichen Testens ergeben sich bei den ersten Läufen mit echten Daten meist immer noch irgendwelche Schwierigkeiten, die niemand vorausgesehen hatte. Die Praxis zeigt immer wieder, daß ein Programmierer (Ausnahmen bestätigen hier die Regel) ein von ihm geschriebenes Programm erst dann fast im ganzen Umfang kennt, wenn er es mit Erfolg (nach Beseitigung einiger Fehler) getestet hat. Die restlichen »Schönheitsfehler« werden meist in den ersten Wochen bzw. Monaten festgestellt und beseitigt.

Oft treten schwerwiegende Programmfehler auch noch nach mehreren Monaten auf. Zum größten Teil handelt es sich dann um eine Kombination von gleichzeitig zusammentreffenden Ereignissen in einem Arbeitsablauf, die im Normalfall nicht zu erwarten sind.

Durch den eigenen Programmierer wird ein neues Programm in der Anfangszeit länger und meist auch gründlicher überwacht. Er verwächst besser mit ihm. Außerdem ist er im Notfall fast immer sofort zu erreichen. Der Programmierer eines fremden Rechenzentrums oder Beratungsunternehmens ist dagegen nicht immer sofort verfügbar.

Manchmal kann nach einer gewissen Zeit der Programmierer, der das Programm geschaffen hat, nur noch selten oder gar nicht mehr erreicht werden, weil er an einem neuen Projekt arbeitet oder weil er die Stellung gewechselt hat. Man wird auch dann nicht ohne Hilfe sein, denn Unterstützung wird in jedem Fall gewährt werden. Nur wird der neue Mann wesentlich länger zu tun haben, bis er zum gewünschten Ergebnis kommt. Damit wachsen automatisch die Kosten für Beratung und Programmierung.

Zu b)
Beim Einsatz eines Computers im eigenen Haus wird in der Regel auch eine eigene Programmier-Gruppe beschäftigt werden. Nur in ganz seltenen Fällen wird man darauf verzichten können. Das geschieht meist nur, wenn man sich der Obhut eines Computer-Herstellers oder Beratungsunternehmens anvertraut.

Im allgemeinen entscheidet man sich dann für die Anwendung von Modular- und Standardprogrammen, die vom jeweiligen Betreuer geliefert werden und die für die Lösung bestimmter spezieller Aufgaben entwickelt wurden.

Auch in einer solchen Situation wird es eine völlige programmiererlose Installation kaum geben, denn es gehört schon ein beachtlicher Sachverstand dazu, derartige Modularprogramme richtig anzuwenden.

Im Rahmen des vorliegenden Kapitels ist diese Benutzergruppe verhältnismäßig uninteressant, da sie praktisch nicht — oder nur in sehr geringem Umfang — existiert.

2. Man kann nicht programmieren

Wenn das so ist, dann wird man natürlich fragen, w a r u m nicht programmiert werden kann und in welcher Situation diese Leistung nicht zu erbringen ist. Vorausgesetzt wird jedoch, daß programmiert werden muß.

Es gibt die folgenden Möglichkeiten:

a) M a n b e f i n d e t s i c h i n d e r U m s t e l l u n g, und die Schulung der eigenen Leute sowie die Einstellung neuer fachlich ausgebildeter Mitarbeiter ist noch nicht — wie ursprünglich geplant — abgeschlossen worden.

b) D i e Z a h l d e r v o r h a n d e n e n a u s g e b i l d e t e n M i t a r b e i t e r i s t s o g e r i n g, daß diese für die Lösung neuer Probleme, bzw. für die Pflege des bestehenden Programmbestandes nicht ausreichen.

Zu a)
Ein Zustand dieser Art ist fast immer ein Zeichen dafür, daß mit der EDV-Organisation etwas nicht stimmt. Ausgenommen sind natürlich Verzögerungen, die durch höhere Gewalt verursacht werden, zum Beispiel:

Plötzliche und längere Erkrankung eines oder mehrerer Mitarbeiter, unerwarteter Tod eines oder mehrerer Mitarbeiter.

Risiken dieser Art sollten bei der Planung durch gewisse Zeitreserven gemildert werden.

Hersteller von EDV-Anlagen haben zur Vermeidung von Folgeschäden durch Personalausfall teilweise in ihren Häusern angeordnet, daß Spitzenkräfte nicht oder nur in beschränktem Umfang gemeinsam einen Kraftwagen benutzen dürfen.

Die Planung des Einsatzes eines Computers setzt eine exakte Personalplanung voraus. Zu diesem Bereich gehört die Schulung und Fortbildung von eigenem und neuem Personal.

Von den Mitarbeitern hängt das Gelingen der künftigen Datenverarbeitung in entscheidendem Maß ab. Die Auswahl dieser Mitarbeiter muß deshalb mit äußerster Sorgfalt vorgenommen werden, wenn das gesteckte Ziel sicher erreicht werden soll.

Der S c h u l u n g s p l a n soll Auskunft über die folgenden Dinge geben:

Wer geht auf einen Lehrgang?
Wann wird der Lehrgang besucht?
Was für ein Lehrgang wurde vorgesehen?

Es ist selbstverständlich, daß die Ausbildung der einzelnen Mitarbeiter immer auf das große Ziel abgestimmt sein muß und daß die Einhaltung der vorgegebenen Termine ausschlaggebend ist für das Gelingen der geplanten Umstellung.

Die Situation auf dem Personalmarkt ist gewiß nicht rosig; trotzdem wird es bei einer klugen und umsichtigen Planung gelingen, das gesteckte Ziel zu erreichen.

Wenn man es richtig beginnt, dann wird man feststellen, daß im eigenen Hause Mitarbeiter sind, die gut und gerne mitmachen und die ihnen gebotene Chance nutzen.

Zu b)

Der Mangel an fähigen ausgebildeten Programmierern kann verschiedene Ursachen haben:

Vorübergehend fehlende Programmiererkapazität, z. B. durch Personalabgang,
chronischer Mangel an guten Programmierern.

Der vorübergehende Programmierermangel ist die weniger bedeutende der beiden genannten Ursachen, die zum Einsatz fremder Programmierer führt.

Im allgemeinen läßt sich die entstehende Lücke bald wieder ausfüllen. Größerer Schaden bzw. hohe Kosten entstehen meistens nicht. Allerdings darf man die Gegebenheiten nicht einfach hinnehmen, sondern muß die Ursachen zu entdecken suchen.

Die folgenden Dinge können die Programmier-Kapazität negativ beeinflussen:

Personalfluktuation,
schwere und lange Erkrankungen,
unzureichende Urlaubsplanung,
unzureichende Planung der Fortbildungslehrgänge,
keine Abstimmung zwischen Urlaubs- und Fortbildungsplanung.

Auf die Verwendung verschiedener Programmiersprachen und deren Einfluß auf die Programmierzeit soll hier nicht eingegangen werden.

Der ständige Mangel an guten Programmierern ist gegenüber den bisher aufgezeigten Ursachen eine ernste Angelegenheit, die eine kluge Geschäftsführung auf keinen Fall als einen Zustand hinnehmen darf, den man als eine chronische Zeiterscheinung nun einmal nicht vermeiden kann.

Die Ursachen, die zu einer solchen Situation führen, können folgende sein:

a) eine schlechte EDV-Organisation,
b) eine falsche Personalpolitik,
c) ein schlechtes Betriebsklima.

Das schlechte Betriebsklima ist meist eine Folge des Vorhandenseins von mindestens einer der beiden ersten Ursachen (a) oder (b). Eine schlechte EDV-Organisation hat die folgenden Merkmale:

1. eine allgemeine Konzeptionslosigkeit,
2. keine klaren Stellenbeschreibungen,
3. keine genaue Einteilung in

    a) Systemanalyse
    b) Problemprogrammierung
    c) Systemprogrammierung,

4. fehlende Vorgaben für eine Standardisierung der Programmierung,
5. keine oder unvollständige Fortbildungs-Planung,
6. autoritärer Führungsstil,
7. ständiger Termindruck.

Die Grenzen zwischen einer schlechten EDV-Organisation und einer falschen Personalpolitik sind selbstverständlich nicht starr und klar abgrenzbar.

Gerade durch fehlende organisatorische Mittel und Anweisungen wird die Undurchsichtigkeit noch vertieft.

Die falsche Personalpolitik kann durch die folgenden Dinge angezeigt werden:

1. Die Gehälter der Programmierer (besonders derjenigen, die man aus der eigenen Belegschaft ausgebildet hat) werden nicht rechtzeitig den Bedingungen angeglichen, die auf dem Arbeitsmarkt herrschen.

2. Der Vertragsgestaltung wurde nicht genügend Aufmerksamkeit geschenkt.

3. Die Entwicklungsmöglichkeiten wurden nicht offen dargelegt.

4. Es fehlt ein Schulungs- und Weiterbildungs-Programm, das zusammen mit der Leitung der EDV-Abteilung erarbeitet werden sollte.

Bei einer Umstellung von konventioneller Datenverarbeitung auf EDV oder bei einer direkten Umstellung auf die Elektronik ohne die erste (konventionelle) Stufe, kann man meist die folgenden Beobachtungen machen:

Es werden e i n i g e L e u t e aus dem eigenen Betrieb u m g e s c h u l t und zu Programmierern ausgebildet. In den meisten Firmen, die ja die Kosten für die Umschulung tragen, erwartet man von den geförderten Mitarbeitern eine entsprechende Bindung an die Firma, die fast immer vertraglich festgelegt wird. Eine Zeitspanne von zwei Jahren wird von den meisten Vertragspartnern als angemessen angesehen.

Eine gute Personalführung rechnet nun besser nicht mit der ewigen Betriebstreue und Dankbarkeit dieser Mitarbeitergruppe, sondern überlegt sich, wie diese Damen und Herren — vor allem, wenn sie tüchtig sind — auch noch nach Ablauf der Verträge gehalten werden können.

Nach ca. zwei Jahren werden Programmierer flügge. In dieser Zeit haben sie die notwendigen Kenntnisse erworben, um sich anderweitig umzusehen und eventuell einen Schritt höher auf der Erfolgs- und Gehaltsleiter emporzusteigen. Auf diese Umstände wurde bereits hingewiesen. Ein Stellenwechsel wird ihnen um so leichter fallen, ja weniger sie gerade verdienen.

Daß sie ihre fachliche Aufwertung ihrem augenblicklichen Brötchengeber zu verdanken haben, wurde von den meisten — wenn nicht vergessen — so doch zumindest als eine Schuld angesehen, die — spätestens mit dem Auslaufen des Vertrages — ausgeglichen ist.

Die Folgen, die durch einen chronischen Mangel an Programmierern entstehen können, sind unter Umständen schwerwiegend. Wenn sie auch ein Unternehmen nicht unbedingt in seiner Existenz bedrohen müssen, so können sie es doch empfindlich treffen.

Die folgenden Auswirkungen können sich bemerkbar machen:

1. Zu hohe Programmierkosten

Diese entstehen, weil die heutigen Beratungsunternehmen mit ihren Forderungen nicht gerade zimperlich sind. Die Programmierer-Stunde lassen sie sich mit 45,— DM (oder in ähnlicher Höhe) bezahlen. Spesen sind allerdings hier noch nicht inbegriffen. Wenn man einen guten Programmierer eines solchen Unternehmens jedoch gleich auf volle Monate anheuert, dann kommt man billiger davon. Zwischen 5000,— bis 6500,— DM pro Monat braucht man dann n u r zahlen ... Spesen sind allerdings auch diesmal nicht enthalten.

Für das gleiche Geld kann man gut und gerne zwei eigene Leute beschäftigen, deren Leistungen auf die Dauer bedeutend wirkungsvoller sein werden, da sie die fachlichen und die innerbetrieblichen Zusammenhänge besser kennen.

2. Zunehmender Zerfall der Arbeitsmoral

Es gibt kaum Programme, die nicht irgendwann einmal geändert werden müssen. Je größer ein Bestand an Programmen ist, um so größer ist auch der erforderliche Aufwand zur Erledigung dieser Änderungen.

Der Einsatz von Fremdprogrammierern führt nun dazu, daß der Programmbestand ständig wächst, ohne daß die eigenen Leute näher mit den Problemen bekanntwerden.

Trotzdem übergibt man ihnen nach Fertigstellung der Programme diese oft zur fürsorglichen künftigen Pflege. Manchen verläßt dann der Mut und die Lust, und er wird vorübergehend Wochenend-Abonnent einer großen Tageszeitung mit reichhaltigem Stellenangebot.

Neue Leute — oft mit hohen Gehältern geködert — erfahren bald nach ihrer Einstellung vom Rest der alten Garde, was ihnen wirklich bevorsteht. Die meisten verschwinden dann noch während der Probezeit in freundlichere Gefilde. Für die Zurückbleibenden wird es immer schwieriger. Schließlich weiß keiner mehr so recht, wie es weitergehen soll. Ähnlich wie bei einer Krankheit die fehlerhafte Funktion eines Organes zur Schwächung weiterer Organe führen kann, führt zum Beispiel ein starker Personalwechsel zu einem merklichen Verfall der Arbeitsmoral.

Kündigungen von einzelnen Programmierern wirken oft ansteckend auf einen Teil der Kollegen. Man kann regelrechte Kündigungswellen in einzelnen Betrieben beobachten.

Nur eine gute Organisation und eine gekonnte Personalpolitik können derartige Zustände verhindern. Ist jedoch einmal der Karren im Dreck, dann kann nur eine kluge, geduldige und konsequente Führungskraft mit starker Hand dieser Situation ein Ende bereiten — jedoch nicht von heute auf morgen.

3. Verminderung des Leistungsniveaus

Die Erfahrung zeigt immer wieder, daß besonders die guten Programmierer, die planvoll an ihrer beruflichen Entwicklung arbeiten, eher einen Arbeitsplatz wechseln als der Durchschnitt ihrer Kollegen. Das führt in vielen Betrieben dazu, daß das durchschnittliche Leistungsniveau sinkt.

Als weitere Folge passiert es dann oft, daß — bedingt durch den Mangel an geeigneteren Kräften — Leute mit Sitzfleisch in Positionen aufrücken, die sie eigentlich gar nicht ausfüllen können. Diese Fehlbesetzungen sind zum größten Teil die Ursache einer weiteren negativen Entwicklung.

Gute neue Leute haben es bald heraus, ob ihr Vorgesetzter ihnen auch etwas vormachen kann oder nicht. Schwächen an anderen entdeckt man bald, wenn man ihnen überlegen ist. So werden auch durch nicht geeignete Vorgesetzte gute fähige neue Mitarbeiter unzufrieden und wandern wieder ab.

Ist also einmal etwas nicht mehr in Ordnung, dann zeigt sich eine Folge von negativen Erscheinungen, deren Anfang und Ende sich zu einem wahren Teufelskreis zusammenfinden.

Zusammenfassend kann gesagt werden, daß es fast immer ein Zeichen für eine schwache oder schlechte EDV-Organisation ist, wenn Fremdprogrammierer über mehrere Jahre oder dauernd im Hause sind. Fremde Programmierer bringen meist nur augenblickliche — und leider keine Dauerlösungen, mögen sie auch noch so gut sein.

Damit soll durchaus nicht gesagt werden, daß der Einsatz fremder Programmierer auf eine begrenzte Zeit oder zur Lösung dringender Probleme nicht sinnvoll ist. Manchmal stellt er sogar die einzige Möglichkeit dar, eine wichtige Arbeit termingerecht — oder überhaupt — erledigen zu können.

Dazu gehören:

die Mithilfe bei der Umstellung auf die EDV;

die Mithilfe bei einer Computer-Umstellung (gleicher Hersteller oder anderer Hersteller);

Aushilfen bei Todesfall oder vorübergehender Krankheit;

bei vorübergehendem starkem Programmiererbedarf;

zur Erledigung dringender Arbeiten, zu deren Bewältigung zur Zeit keine Kapazität vorhanden ist, die jedoch später ohne Schwierigkeiten von den eigenen Leuten übernommen werden können.

Es ließen sich sicher noch weitere Gründe nennen, die den Einsatz fremder Programmierer sinnvoll machen. Allerdings sollte er nicht zu einer ständigen Einrichtung werden und sich in der Regel auf begrenzte Notdienste beschränken. Notdienste sind nicht billig.

Wer mit seinem Auto einmal auf der Autobahn liegen blieb und sein Ziel nicht aus eigener Kraft erreichen konnte, wird mit Erschrecken festgestellt haben, daß es teuer ist, wenn man von beruflichen Abschleppern befördert wird.

Ständig fremde Programmierer im Haus zu haben bedeutet, daß man ständig am Schlepptau hängt, hohe Kosten hat und beim besten Willen nicht alleine weiterkommt.

Wehe dem Abgeschleppten, wenn der Abschlepper selbst einmal eine Panne hat!

7. Über die Entwicklung der EDV

7.1 Der Anfang

Wer 1955 durch die große Lochkartenabteilung eines Unternehmens ging, konnte die folgenden Dinge bemerken:

Eine große Anzahl von Tabelliermaschinen, von denen fast jede durch einen Summen-Doppler ergänzt wurde.

Derartige Maschinenkombinationen, die auch heute noch verwendet werden, bezeichnete man als »Maschinensatz«. Oft waren in einer Firma mehr als zwanzig solcher Maschinensätze im Einsatz.

Eine entsprechend große Anzahl von Sortiermaschinen, Kartenmischern und Rechenstanzern.

Eine beachtliche Zahl von Wagen für den Transport von Lochkarten.

Berge von Lochkarten, die die Wege und den Blick versperrten.

Einen regen Lochkartentransport, mit dem sich eine große Zahl der Maschinenbediener ständig beschäftigte.

Surrende Sortiermaschinen, die mit großer Geschwindigkeit Lochkarten einlasen und diese dann auf ihre Ablagefächer verteilten.

Tonnenweise mußten Lochkarten durch Locherinnen und Summen-Doppler erstellt werden. Anschließend wurden sie — oft in stundenlangen Sortier- und Mischläufen — für die Verarbeitung auf Rechenstanzern und Taballiermaschinen aufbereitet.

Ohne Schichtarbeit war kaum auszukommen. Wegen der großen Anfälligkeit der Maschinen kam es oft zu Ausfällen.

Die Hersteller dieser Lochkartenmaschinen waren gezwungen, ein Team von Technikern verfügbar zu halten, um diese Maschinen zu warten und sie betriebsbereit zu halten.

Verglichen mit den heutigen EDV-Maschinen waren die Lochkartenmaschinen damals langsam. Die Lochkartenleser, die heute an Computer angeschlossen werden, können — abhängig von der verwendeten Anlage — 60 000 bis 120 000 Karten pro Stunde lesen, Tabelliermaschinen und Kartendoppler erreichten dagegen nur Leseleistungen, die zwischen 6000 bis 9000 Karten lagen.

Besondere Probleme bereitete damals das Rechnen. Das Addieren und Subtrahieren konnte ohne Schwierigkeiten durchgeführt werden. Die Tabelliermaschine konnte in einem Maschinengang die genannten Rechenvorgänge bewältigten.

Multiplikationen und Divisionen waren dagegen sehr aufwendig und den Rechenstanzern vorbehalten, die speziell für diesen Zweck entwickelt wurden. Allerdings auch diese Maschinen waren — verglichen mit der Rechengeschwindigkeit moderner Anlagen — die reinsten Schnecken.

Die Steuerung der Rechenoperationen erfolgte meist elektro-mechanisch. Eine Beschleunigung der Vorgänge durch eine Verfeinerung des Systems war kaum noch zu erreichen. Dies wurde erst durch die Überwindung der Mechanik und durch die Einführung neuer Techniken möglich. Diese gestatteten dann auch die Zusammenlegung der Arbeitsschritte V o r b e r e i t e n , R e c h n e n und A u s w e r t e n zu einem geschlossenen Arbeitsablauf.

Der Übergang zu den frei programmierbaren Computern führte von den konventionellen Lochkartenmaschinen über die Rechenstanzer. Die verfügbaren Programmschritte dieser Maschinen waren jedoch sehr begrenzt. Die Programmierung erfolgte mit Hilfe von Schalttafeln und Schaltschnüren. Die Schaltschnüre, die an jedem Ende mit einem Steck-Kontakt versehen worden waren, mußten so in die Tafeln gesteckt werden, daß sie elektrische Verbindungen schufen, die die Maschine in der gewünschten Form steuerten und die geplanten Ergebnisse lieferten.

Bei umfangreicheren Rechnungen wuchs die notwendige Rechenzeit außerordentlich. Oft ging die Rechenleistung einzelner Maschinen nicht über einen Ausstoß von zehn Karten pro Minute hinaus. (600 Karten pro Stunde), eine Leistung, die — verglichen mit der Kapazität heutiger Anlagen — sehr gering ist. Die Rechengeschwindigkeit wurde durch die Verwendung von Elektronenröhren sehr erhöht. Solange die Maschinen jedoch noch nicht frei programmierbar waren und nur eine maximal fest vorgegebene Zahl von Programmschritten zuließen, war auch eine Weiterentwicklung sehr eingeschränkt.

Die ersten Computer, die nicht mehr über Schalttafeln gesteuert wurden, sondern die nach einem vorgegebenen intern gespeicherten Programm arbeiteten, stellten den ersten großen Erfolg in Richtung auf die neue moderne Computertechnik dar.

Verglichen mit den Maschinen von heutiger Qualität wiesen die Anlagen der damaligen Zeit folgende Unterschiede auf:

Eine relativ **niedrige Rechengeschwindigkeit**.

Eine **große Wärmeentwicklung** durch die Benutzung von Elektronenröhren und dadurch ein großer Aufwand zur Erlangung einer guten Klimatisierung.

Periphere Einheiten, wie Kartenleser, Kartenstanzer und eventuell Drucker **mit einer beschränkten Arbeitsgeschwindigkeit**.

Das Fehlen von Ein- und Ausgabe-Einheiten, die — bedingt durch die technische Entwicklung — erst in den letzten Jahren entstanden sind.

Eine **umständlichere Programmierung**.

Die Programme wurden in der Maschinensprache niedergeschrieben. Die Programmierer mußten selbst Instruktions- und Datenadressen errechnen.

Das, was man heute **Software** nennt, **gab es** damals noch **nicht**.

Während im technischen Bereich, besonders in der Fertigung, für die Automatisierung von Arbeitsvorgängen sehr viel getan worden war, hatte man den kaufmännischen Sektor recht stiefmütterlich behandelt. Die Ursachen hierfür sind von unterschiedlicher Art. Ein wesentliches Hindernis für eine schnelle Entwicklung war jedoch besonders das Fehlen der notwendigen Datenverarbeitungs-Maschinen, die erst eine Automatisierung herkömmlicher kaufmännischer Arbeiten zuließen. Während für die Automatisierung von Fertigungsvorgängen eine elektro-mechanische Steuerung in den meisten Fällen völlig ausreichte, war diese für eine wirkungsvolle und schnelle Datenverarbeitung noch mit zu vielen Mängeln behaftet.

Mit der Entwicklung der Technik haben sich somit erst die Voraussetzungen für eine Datenverarbeitung im heutigen Sinn ergeben. Die ersten Computer besaßen nicht nur eine relativ niedrige Arbeitsgeschwindigkeit, sondern auch eine geringe Speicherkapazität. Die Programmierer waren — abhängig vom System — gezwungen, die Belegung des Speicherplatzes genau zu planen.

Zur Erleichterung dieser Arbeit wurden von den verschiedenen Computerherstellern Speicherschablonen entwickelt, die diese mühevolle Arbeit mildern halfen.

Mit der wachsenden Speicherkapazität der Elektronenrechner vergrößerte sich auch die Arbeit, die aufgewendet werden mußte, diese Kapazität sinnvoll zu nutzen.

Bald wurde erkannt, daß man zur Errechnung der Speicheradressen und zur Belegung des Kernspeichers den Computer selbst verwenden konnte, wenn man die Maschinenanweisungen (Instruktionen) in einer veränderten Form eingab. Dies war die Geburtsstunde der ASSEMBLER-Programme, wenn nicht der gesamten Software überhaupt.

Von diesem Zeitpunkt an konnten sich die Programmierer ganz der Lösung der ihnen übertragenen Aufgaben widmen. Dies ergab **eine beachtliche Vergrößerung der Programmierkapazität.**

7.2 Die Entwicklung der Software

» S o f t w a r e « heißt wörtlich übersetzt » W e i c h w a r e «. Sie gehört zur » H a r d w a r e « (harte Ware) wie Eva zum Adam. Beide Bezeichnungen kommen aus Amerika und wurden von unseren EDV-Fachleuten ohne Veränderung übernommen. Laien wissen meist nichts damit anzufangen.

Der Begriff » H a r d w a r e « wird von ihnen eher verstanden als » S o f t w a r e «, weil er alle Dinge umschreibt, die mit der elektronischen Datenverarbeitung zu tun haben und im wahrsten Sinne des Wortes hart und greifbar sind: die Maschinen und Aggregate (technische Geräte), die einen Computer darstellen.

Die sogenannte » S o f t w a r e « ist dagegen noch weniger als weich: man kann sie weder ertasten, sehen, riechen, hören noch schmecken. Es ist mit ihr ähnlich wie mit der Elektrizität: Die Annehmlichkeiten, die sie bereitet, weiß man erst dann richtig einzuschätzen, wenn man sie einmal entbehren muß.

Sie selbst lernt man nie richtig kennen. Wie bereits angedeutet wurde, ist das, was man heute generell als »Software« bezeichnet, aus kleinen bescheidenen Anfängen entstanden. Ihr Wachstum war außergewöhnlich. Gleich dem Geist aus der Flasche schwoll sie, wurde unermeßbar groß und schreckte selbst ihre Herren und Meister, die sie sicher gezähmt glaubten.

In den folgenden Abschnitten soll die Entwicklung kurz aufgezeigt werden.

7.2.1 Assembler

Für die Übernahme der Errechnung von Maschinenadressen und Umwandlung von festgelegten symbolischen Maschineninstruktionen in die echte Maschinensprache wurden sogenannte **Assembler-Programme** entwickelt, die noch heute — allerdings sehr erweitert und ausgefeilt — verwendet werden.

Mit Hilfe der Assembler-Programme wurde nicht nur erreicht, daß vom Computer die Errechnung der Maschinenadressen vorgenommen wurde. Sie gestatteten auch die Verwendung von festgelegten symbolischen Maschineninstruktionen, die sich die Programmierer besser merken konnten, zum Beispiel:

MUL   LOHN   STUND   BRUTTO

Diese symbolische Assembler-Anweisung hat die folgende Bedeutung (der Text ist fortlaufend zu lesen):

MUL	multipliziere den Inhalt
LOHN	des Feldes mit dem Namen LOHN, dessen Maschinenadresse während der Umwandlung noch zu errechnen ist,
STUND	mit dem Inhalt des Feldes STUND und speichere das Produkt aus dieser Rechnung im Feld
BRUTTO	BRUTTO: es enthält dann den Bruttolohn für die weitere Verarbeitung.

Die echte Maschineninstruktion könnte den folgenden Aufbau haben:

368   561   625   643

Es wird jedem einleuchten, daß die symbolischen Bezeichnungen besser im Gedächtnis bleiben und dem Programmierer schneller einfallen als eine Folge anonymer Ziffern, die sich zufällig während der Programmierung ergeben.

7.2.2 Service-Programme (Dienstprogramme)

Die Entwicklung dieser Programme begann mit der Erweiterung der peripheren Einheiten besonders stark zu wachsen.

Die Service-Programme sind einfache Programme, die in der Regel von jedem Benutzer benötigt werden. In vielen Fällen sind es Modularprogramme, die nach festen Regeln eine variable Ein- und Ausgabe zulassen.

Zu den Service-Programmen gehören:

1. Sortierprogramme
Mit ihrer Hilfe werden Daten mit einem vorgegebenen Aufbau in eine gewünschte Folge gebracht.

2. Mischprogramme
Sie werden verwendet, um mehrere Datenbestände, die bereits in einer bestimmten Folge sind, zu einer Datei zusammenzumischen, zum Beispiel auf ein Magnetband oder auf eine Magnetplatte.

3. Übertragungsprogramme
Sie dienen dazu, um Daten von einem Datenträger auf einen anderen zu übertragen.

Wenn dabei der Datenaufbau verändert wird, handelt es sich um ein Modularprogramm, das die Übertragung durchführt.

Die folgenden Übertragungsarten werden im allgemeinen verwendet:

von	nach
Karte	Karte
Karte	Band
Karte	Platte
Karte	Lochstreifen
Karte	Drucker
Band	Band
Band	Platte
Band	Karte
Band	Lochstreifen
Band	Drucker
Platte	Platte
Platte	Band
Platte	Karte
Platte	Lochstreifen
Platte	Drucker

Diese Aufstellung läßt sich fortsetzen, bis alle Kombinationen bestehender Datenträger erschöpft sind.

7.2.3 Steuerungs-Programme (Control-programs)

Als die ersten Magnetband-Einheiten eingesetzt wurden, bekamen die Programmierer neue Aufgaben, die mit der Bearbeitung und

Steuerung dieser Datenträger zusammenhingen und die bei einer reinen Kartenverarbeitung nicht auftraten.

Dazu gehörten die folgenden Dinge:

Das Band in Grundstellung bringen.
(Ausgangsposition)

Die Verarbeitung von Kennsätzen, die sich vor und nach den eigentlichen Datensätzen auf einem Band befinden können.

Steuerung der Bandverarbeitung bei einem Schreibfehler.

Steuerung der Bandverarbeitung und der Nachrichten-Übermittlung an den Operator bei einem Lesefehler.

Das Abschließen der Banddateien bei Arbeitsende.

Dazu gehört die richtige Ausgabe der letzten Daten der Datei, das Erstellen eines Abschluß-Kennsatzes und das Zurückspulen des Bandes in die Grundstellung.

Abhängig von der Problemstellung wird das Band entladen oder nicht.

Bei der Verarbeitung von Dateien, die sich auf Magnetplatten, Magnettrommeln und Magnetkarten befinden, entstehen für die Programmierer ähnliche Probleme.

Um auch hier die Programmierer zu entlasten, wurden von den Herstellern Programme geschrieben und in das Software-Paket aufgenommen, die diese Arbeiten übernehmen.

Wenige Hinweise im Assembler-Programm genügen zur Generierung der notwendigen Routinen und zur Einbeziehung dieser in das Problem-Programm.

Eine andere Art von Steuerprogrammen sorgt für den Abschluß einer Arbeit unter normalen und außergewöhnlichen Bedingungen und für die Überleitung zum nächsten Programm.

In der englischen Sprache bezeichnet man dies als JOB-CONTROL (Arbeits-Steuerung).

Die Aufgaben von JOB-CONTROL sind in Wirklichkeit nicht so einfach abzugrenzen, wie dies hier aufgeführt wurde. Eine genauere Beschreibung würde sicher den Rahmen dieses Buches sprengen und den Sinn verfehlen, der ihm zugemessen wurde.

7.2.4 Die Compiler

Compiler sind Umwandlungsprogramme, die dazu dienen, höhere Programmiersprachen in ein echtes Maschinenprogramm umzuwandeln.

Nachdem die Assembler-Programme genügend ausgereift waren, erkannte man, daß man sich erst am Anfang eines langen Weges befand. Die symbolischen Programmiersprachen hatten zwar schon beachtliche Vorteile gebracht, besaßen allerdings auch noch einige Schwächen. Zu ihnen gehören:

Der Programmierer muß das gesamte Programm bis auf wenige Ausnahmen in einzelne symbolische Instruktionen zerlegen, für die jeweils ein Befehl in echter Maschinensprache erzeugt wird.

Die Programmierung ist noch zu sehr maschinenbezogen und nicht ausreichend genug auf die menschlichen Belange ausgerichtet.

Das symbolische Assembler-Programm besitzt nicht die Aussagekraft, die es möglich macht, daß auch ein Fremder schnell einen Einblick in ein fremdes Programm gewinnt.

Das Programmieren dauert trotz einiger erlangter Vorteile immer noch zu lange.

Die Wahrscheinlichkeit, Programmfehler zu machen, ist größer, da zu sehr in Details gedacht werden muß.

Mit Hilfe der Compiler und unter Anwendung höherer Programmiersprachen konnten die aufgezeigten Mängel beseitigt werden. Zu den zur Zeit bekanntesten Sprachen dieser Art gehören zum Beispiel

    FORTRAN
    COBOL und
    PL/I.

F o r t r a n wurde hauptsächlich zur Lösung technischer und mathematischer Probleme entwickelt. Die Sprache gestattet eine Schreibweise, die beispielsweise in der Mathematik üblich ist. Die Auflösung der im Rechenformel-Aufbau gegebenen symbolischen Maschinenanweisungen in ein echtes Maschinenprogramm wird vom FORTRAN-Compiler gemacht. Die Schreibweise gestattet auch einem Fremden einen guten Einblick in ein Programm.

Beispiel einer FORTRAN-Codierung:

    $A = B + C/D + E^{**}F \quad G - H$
    Sie wird arithmetisch wie folgt aufgelöst:
    $A = B + (C/D) + (E^{F*} G) - H$

C O B O L ist eine Programmiersprache, die hautpsächlich zur Programmierung für Probleme aus dem kaufmännischen Bereich entwickelt wurde. Das Wort C O B O L ist eine Zusammenstellung der Anfangsbuchstaben aus den folgenden Wörtern amerikanischer Herkunft:

COmmon *Business* Oriented *Language*

Durch diese Bezeichnung wird deutlich, welchem Zweck die Sprache dienen soll.

Zur Lösung technischer und mathematischer Aufgaben ist sie nicht geeignet.

Anweisungen werden mit Hilfe von genormten COBOL-Wörtern und symbolischen Datennamen gegeben.

Die COBOL-Wörter stammen aus der englischen Sprache.

Während ASSEMBLER einzelne symbolische Instruktionen verarbeitet, kann der COBOL-Compiler ganze Sätze in englischer Sprache in ein Maschinenprogramm umwandeln. Durch den Aufbau der Sprache und durch die Möglichkeit, Anweisungen in Sätzen zu schreiben, werden die Programme auch für andere übersichtlicher.

Beispiel einer COBOL-Codierung:

IF ZUGANG ADD AMENGE TO BEMENGE ELSE SUBTRACT AMENGE FROM BMENGE.
ALTER ZUG TO PROCEED TO BAHNHOF. GO TO BEGINN.

P L / I ist eine Programmiersprache, die die Vorteile von FORTRAN und COBOL in sich vereinen soll.

Die Anweisungen werden in einer Form geschrieben, die viel Gemeinsames der beiden anderen Sprachen aufweist.

Die symbolischen Programme werden ebenfalls aussagefähig und erlauben einen guten Einblick auch in ein fremdes Programm.

Beispiele einer P L / I -Codierung:

IF LOHNART = '1'
    THEN GO TO GEHALT;
    ELSE IF LOHNART = '2' THEN DO;
      LOHN = STUND $*$ STSATZ;
      ZEIT = ZEIT + STUND;
      END;
    ELSE GO TO FEHLER;

Höhere Programmiersprachen, wie die hier aufgezeigten, haben jedoch nicht nur Vorteile gegenüber den ASSEMBLER-Sprachen.

Zur Zeit empfindet man es als Nachteil, daß die in einer höheren Programmiersprache geschriebenen Programme mehr Speicherplatz benötigen, als die »handgestrickten« ASSEMBLER-Programme und daß sie dadurch »langsamer« werden.

Mit den billiger, schneller und größer werdenden Zentralspeichern der Zukunft werden die Probleme von selbst aufhören zu existieren. Gegenwärtig bestehen sie jedoch. Das bedeutet, daß man für Programme, die fast die gesamte Speicherkapazität eines Computers benötigen, besser den ASSEMBLER benutzt. Das spart unter Umständen viel Ärger, wenn um die letzte Speicherstelle gerungen werden muß.

Nichts ist so unangenehm wie ein Programm, das gerade nicht in den Zentralspeicher hineingeht.

7.2.5 Zusammenfassung

Die bisher unter S o f t w a r e aufgeführten Programme stellen selbstverständlich nur einen Teil der Programme dar, die in einem S o f t w a r e - P a k e t enthalten sein können.

Ohne ein O p e r a t i n g S y s t e m (auch M a s t e r c o n t r o l P r o g r a m oder S u p e r v i s o r genannt) sind die riesigen Computer jetzt und auch in Zukunft weiter nichts als große tote Kästen. Erst unter der Kontrolle eines Operating Systems, das von den besten Programmierern geschrieben wurde, kann das Leistungsvermögen einer Großanlage ganz genutzt werden.

Wenn man bedenkt, daß unter Umständen 15 bis 20 voneinander unabhängige Programme gleichzeitig laufen, daß eine O N - L I - N E - D a t e n e r f a s s u n g zum Beispiel über Bildschirmgeräte erfolgt und daß über eine große Zahl von Terminals Datenfernverarbeitung betrieben wird, dann wird man ahnen, daß dies alles nur möglich ist, weil eine große ordnende und leitende Kraft vorhanden ist, die alle Vorgänge lenkt und verhindert, daß alles zusammenbricht.

Die Leistungsfähigkeit eines Computers wird somit wesentlich von der Qualität der Software bestimmt.

Die Computer-Hersteller haben bisher schon gewaltige Gelder für die Entwicklung der Software investiert, deren Bedeutung künftig noch größer sein wird, weil auch die Computer größer sein werden. Damit soll nicht gesagt werden, daß sie künftig noch mehr Raum füllen, sondern daß ihre Speichergröße und -Leistungsfähigkeit in den kommenden Jahren wachsen werden.

7.2.6 Die Software der Zukunft

Die folgende Übersicht zeigt die Gliederung der SOFTWARE.

Abbildung 7:

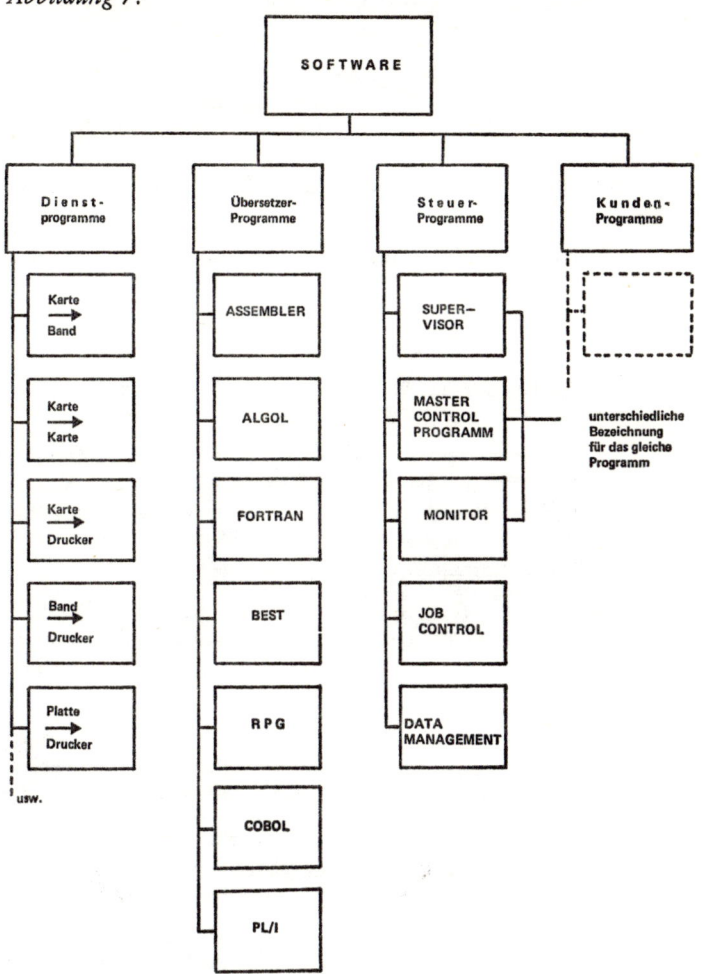

```
                              SOFTWARE
        ┌────────────────┬────────────────┬────────────────┐
   Dienst-         Übersetzer-       Steuer-          Kunden-
   programme       Programme         Programme        Programme

   Karte→Band      ASSEMBLER         SUPERVISOR       ┌─ ─ ─ ─┐
                                                      │       │
   Karte→Karte     ALGOL             MASTER           └─ ─ ─ ─┘
                                     CONTROL
                                     PROGRAMM         unterschiedliche
                                                      Bezeichnung
   Karte→Drucker   FORTRAN           MONITOR          für das gleiche
                                                      Programm
   Band→Drucker    BEST              JOB CONTROL

   Platte→Drucker  RPG               DATA MANAGEMENT

   usw.            COBOL

                   PL/I
```

Auch in absehbarer Zukunft wird sich an dieser Einteilung kaum etwas ändern. Was sich jedoch wandeln und weiterentwickeln wird, wird im Umfang und Komfort liegen.

Bei flüchtigem Überlegen scheint hier nicht viel Spielraum gegeben zu sein. Beschäftigt man sich mit diesen Fragen jedoch etwas eingehender, dann erkennt man, daß die Möglichkeiten sehr groß sind. Die Software der Zukunft kann — wie auch die der Gegenwart — nicht ohne die entsprechende Hardware bestehen. Damit wird diese zwangsläufig zu einem Software-Problem von bedeutender Art.

Mit der Qualität der Software und dem Komfort, den sie bietet, ist auch der Speicherplatz im Computer verbunden. Je größer die Unterstützung durch die Software ist, um so mehr Speicherplatz beansprucht sie. Je mehr Speicherplatz sie benötigt, um so mehr Zeit wird gebraucht, um die zusätzlichen Instruktionen zu durchlaufen.

Die Anforderungen, die an die Computer gestellt werden, lauten daher:

> Die Zentralspeicher müssen größer, schneller und billiger werden!

Es wurde hier bewußt das Wort KERNSPEICHER durch die Bezeichnung ZENTRALSPEICHER ersetzt.

Der Kernspeicher in seiner heutigen Form wird in der Zukunft durch die Entwicklung neuer Techniken verdrängt werden. Das bedeutet gleichzeitig eine Verfeinerung und Verkleinerung der Bau-Elemente, die zu einem wesentlichen Teil dazu beitragen, daß die Bearbeitungsgeschwindigkeiten gesteigert werden können.

Durch die künftige Verbesserung der Computer sehen sich diese immer ähnlicher. Die Computer-Hersteller werden es sich überlegen müssen, ob es nicht auch für sie vorteilhafter ist, zusammenzuarbeiten und gemeinsam Technik und Software zu entwickeln.

Wenn die Entwicklung in absehbarer Zeit auch nicht so weit gehen wird, daß alle Computer die gleiche Sprache sprechen, so werden sie doch die Fähigkeiten besitzen, andere Maschinensprachen in die eigene zu übersetzen.

Mit der sogenannten Verträglichkeit ist bereits heute — wenn auch in beschränktem Maß — ein Schritt in diese Richtung gemacht worden.

Die Software der Zukunft wird mit Sicherheit mehr bieten als die heutige. Allerdings ist für den Benutzer von großer Wichtigkeit, daß die Vorteile nicht durch einen größeren Formalismus wieder abgebaut werden. Mehr Leistungen also bei geringerem Aufwand.

Was die künftige Software zu bieten haben wird, läßt sich heute noch nicht abschätzen.

Die folgenden Aufgabenbereiche werden jedoch schon heute deutlich:

1. Die vollautomatische Einrichtung und Verwaltung von Dateien unter Berücksichtigung der neu entstehenden Datenträger und deren Bearbeitungseinheiten (Peripherie).

Die sinnvolle Bearbeitung einer Datei macht es notwendig, daß diese Datei auf eine Weise beschrieben wird, die es einem Übersetzer-Programm ermöglicht, die erforderlichen Routinen aufzubauen, die den Computer in die Lage versetzen, die gewünschten Arbeiten zu erledigen.

In der Regel müssen wegen des unterschiedlichen Aufbaues die Felder mehrerer Dateien zueinander in eine Beziehung gebracht werden.

Das ist beispielsweise dann der Fall, wenn aus Daten, die über Lochkarten eingegeben werden, eine Plattendatei aufgebaut werden soll.

Durch das Programm muß unter Umständen auch berücksichtigt werden, daß mehrere Karten mit Teil-Daten, die durch unterschiedliche Kartenarten gekennzeichnet sind, zu einer vollständigen Stamminformation zusammengefaßt werden.

2. Eine automatische Verkettung unterschiedlicher Dateien bzw. die automatische Adressen-Ermittlung und -Abspeicherung für Einzel-Dateien.

Sollen beispielsweise die Informationen einer Random-Datei nach unterschiedlichen Gesichtspunkten ausgewertet oder aufgelistet werden, dann läßt sich bei einer Anwendung der erweiterten Index-Sequentiellen Methode das mehrfache Umsortieren eines Datenbestandes vermeiden.

Die Errechnung der verschiedenen Folge-Adressen, die später eine sequentielle Verarbeitung einer Datei nach verschiedenen Sortierfolgen ermöglichen sollen, erfolgen während des Einrichtens und Veränderns der einzelnen logischen Datensätze.

Die Verwaltungsarbeit wird durch die aufgezeigten Möglichkeiten sehr stark erweitert. Allerdings wird der Aufwand an Speicherplatz und Zeit mit Sicherheit gegenüber den heutigen Methoden manche Vorteile bringen. Es wird auch in diesem Zusammenhang deutlich, daß die Art, die Leistung und die Kosten der künftigen Hardware einen entscheidenden Einfluß auf die Entwicklung der Software haben werden.

3. Die Übersetzer-Programme werden ebenfalls mehr Leistungen bieten als heute.

Sie werden in zunehmendem Maß mit dazu beitragen, daß die Programmierung selbst besser organisiert und standardisiert werden kann.

Jede Datei wird nur einmal mit der Angabe symbolischer Feldbezeichnungen definiert zu werden brauchen, um dann für alle Programme verfügbar zu sein. Das hat den Vorteil, daß alle Programmierer die gleiche Sprache sprechen, da sie gezwungen sind, die gleichen symbolischen Merkmale zu verwenden.

Ohne zusätzliche organisatorische Maßnahmen in den Abteilungen »Systemplanung« und »Programmierung« kommt man selbstverständlich nicht weg, wenn man eine einheitliche und einfache Arbeitsweise erreichen will.

7.3 Computer im Vormarsch

Den Statistiken kann man entnehmen, daß von ca. 1958 bis Ende 1969 die Zahl der eingesetzten Computer vom Stand NULL bis auf 6300 angestiegen ist (DIEBOLD).

Wenn man den Prognosen trauen darf, dann wird in den kommenden Jahren eine regelrechte »Computer-Explosion« stattfinden. Sind wir für diesen Vorgang gerüstet?

Müssen wir uns überhaupt besonders dafür vorbereiten, oder reicht es aus, wenn wir wie bisher die Dinge auf uns zukommen lassen? Noch viele Fragen kommen in diesem Zusammenhang auf, für die noch mehr Antworten zu finden wären.

Einige Dinge werden jedoch schon jetzt deutlich:

7.3.1 Eine bewußte Planung der Entwicklung ist notwendig

Die Zeit der wild wachsenden EDV-Spezialisten-Pflanzen mit späterer Veredelung ist vorbei.

Die Erkenntnisse, die bisher gewonnen wurden, befähigen und verpflichten zum Anlegen vorbildlicher Kulturen und zur Schaffung eines exakten Anbauplanes.

Die Bedeutung der Elektronischen Datenverarbeitung in der Zukunft ist zu groß, als daß man es — wie bisher — den Computer-Benutzern überlassen dürfte, den notwendigen Bedarf an erforderlichem Fachpersonal mit Hilfe der Hersteller-Firmen selbst auszubilden. Diese Methode darf man durchaus als passend für die Pionierzeit ansehen, eine Phase, die man gewiß zur Vergangenheit zählen kann.

Die Ausbildung geeigneten Nachwuchses zum D a t e n v e r a r - b e i t u n g s - K a u f m a n n ist als erster kleiner Schritt und als Versuch anzusehen, mit den Problemen der Zukunft fertig zu werden. Schon heute sind die ersten Anzeichen dafür festzustellen, daß immer mehr Akademiker im Bereich der Datenverarbeitung Fuß fassen und Führungspositionen erlangen.

Die große Unsicherheit wird langsam aber stetig abgebaut, leider jedoch noch immer zu langsam. Das mag mit daran liegen, daß die meisten Volks- und Betriebswirte die Technik fürchten und den stummen graublauen Kästen lieber aus dem Weg gehen. Vielen liegt der Umgang mit diesem Instrumentarium einfach nicht.

Die Ursache zu dieser Haltung liegt zu einem großen Teil in der Ausbildung. An den deutschen Universitäten und Hochschulen ist man bisher nicht genügend auf die Datenverarbeitung eingegangen, obwohl man teilweise schon seit Jahren Computer einsetzt.

Es ist deshalb nicht verwunderlich, daß junge Betriebs- und Volkswirte, vollgepfropft mit Spezialwissen, geladen mit Energie, bereit, die Welt nach den gewonnenen Erkenntnissen umzukrempeln, vor den graublauen Kästen zurückschrecken.

Sie hatten bisher geglaubt, fertig zu sein und müssen nun feststellen, daß es ihnen wie dem Bäckergesellen geht, der beim Metzger keine Wurst richtig anschneiden kann.

Sie verfügen in diesem Fall über ein Instrument, das sie in ihrem Fachbereich einsetzen müssen, aber sie können es nicht handhaben. Manche reden sich in solchen Situationen ein, daß dies ohnehin nur eine Sache der Techniker sei, die ja dafür bezahlt werden.

Gleichzeitig werden Techniker und Technik abgewertet. Eine derartige Einstellung ist falsch und führt nicht selten zu einer Krise.

7.3.2 Auf Bundes- und Länderebene muß die Ausbildung in Datentechnik und Datenverarbeitung gefördert werden

Die Datenverarbeitung wird sich immer neue Gebiete erobern und unser tägliches Leben in immer stärkerem Maß beeinflussen. Der Umgang mit EDV-Maschinen — zumindest über Teleprocessing Terminals — wird in den künftigen Jahren in großem Maß zunehmen. Auch in die Privathaushalte werden sie eindringen, vergleichbar mit der immer größer werdenden Anzahl von Telefonanschlüssen.

Manche Laien sagen heute noch voll Überzeugung: »Was soll ich schon mit einem EDV-Terminal anfangen; ich brauche keine Datenverarbeitung. Die Zukunft wird zeigen, ob sie recht behalten.

In diesem Zusammenhang wird gewiß die Frage gestellt, welche Leistungen die Computer künftig anzubieten haben und über welche Geräte man mit ihnen in Verbindung treten kann.

Nach den Kenntnissen, die bisher gewonnen wurden, werden es Geräte sein, die eine optische Anzeige zulassen und die gleichzeitig eine Tastatur besitzen, über die man mit dem Computer in Verbindung treten kann.

Eine Steuerung durch das gesprochene Wort wird erst später möglich sein.

Bildschirmgeräte bieten sich geradezu für die künftige private Computernutzung an. Ob die gegenwärtig verwendete Technik allerdings ausreicht, ist fraglich.

Auf eine bildliche Darstellung mancher Dinge wird man künftig nicht verzichten können. Die Bildschirmgeräte der Zukunft werden somit die Eigenschaft von heutigen Bildschirm- und Fernsehgeräten in sich vereinen. Unter Umständen ist vielleicht sogar eine Ausgabe über die künftigen Fernsehgeräte möglich, die technisch so ausgerüstet sind, daß sie eine derartig kombinierte Verwendung zulassen.

Welche Leistungen sind von den Computern in Zukunft zu erwarten?

Programmierte Lehrgänge (Bildungsprogramme) aus allen Fachbereichen.

Bereitstellung einer Datenbank für alle Fragen des täglichen Lebens, z. B. ein programmiertes Lexikon.

Neuerungen und Änderungen können sofort in die Datenbank aufgenommen werden.

Ergänzungsbände zu Lexikas wird es dann nicht mehr geben, da Lexikas selbst in ihrer jetzigen Form auch nicht mehr bestehen werden.

Fachprogramme, die für jedermann interessant sein können. Dazu gehören beispielsweise:

Jahres-Lohnsteuer-Programme;
Rechtsfragen-Programme, die nicht die Anwälte ersetzen sol-

len, sondern die bestehende einschlägige Fachliteratur;

Übersetzungprogramme, die beispielsweise Wörter von einer Sprache in jede beliebige andere übertragen usw.;

Knobel-Programme, die es beispielsweise gestatten, mit dem Computer ein Spielchen zu machen. Der Lauf der Partie und der letzte Stand werden zur laufenden Kontrolle auf dem Bildschirm angezeigt;

reine Fachprogramme und Zugriff zu Datenbanken aus allen Fachbereichen.

Die Leistungsübersicht ließe sich noch beachtlich erweitern. Manche Anwendungsbereiche werden sich zusätzlich durch neue Bedürfnisse in der Zukunft ergeben.

Die Arbeit und die Kosten, die auf uns zukommen, sind riesig. Sie können nur mit Hilfe des Staates und der Länder bewältigt werden. Wegen der Größe der Projekte und den damit zusammenhängenden Kosten kann es eigentlich nur eine Lösung auf Bundesebene oder auf übernationaler Ebene geben.

Eine Zersplitterung in viele Zuständigkeitsbereiche hätte zur Folge, daß sich die Kosten vervielfachen würden.

Das Ziel ist zwar noch fern, dennoch können schon heute Vorbereitungen getroffen werden, die dazu beitragen, daß die Entwicklung reibungslos erfolgt. Zu diesen Vorbereitungen gehören:

1. Förderung der Forschung durch den Bund

Die Forschung, die hier gemeint ist, soll nicht alleine die technische Entwicklung des Instrumentariums fördern, sondern auch den Bereich der Anwendung in seiner ganzen Größe durchleuchten.

Die Entwicklung von allgemein gültigen Informationssystem-Grundmodellen für alle Fach- und Wirtschaftsbereiche ist zum Beispiel eine der großen Aufgaben, die in Angriff genommen werden müßten.

Eine weitere nicht zu unterschätzende Aufgabe ist es, diese modifizierbaren Rahmenmodelle den einzelnen Anwendern schmackhaft zu machen. Hier bietet sich ein weites Feld, das noch erschlossen werden muß. Allerdings sieht es heute so aus, als ob dies noch mehr eine Sache künftiger Computernutzer sein wird als die der heutigen. Obwohl es heute — wenn überhaupt — nur kranke Informationssysteme gibt, dürfte es schwerfallen, diese ihren jetzigen Benutzern auszureden.

2. Die Aufnahme eines neuen Lehrfaches an den höheren Klassen der Volksschule

Die Schüler werden mit den grundlegenden Dingen der Datenverarbeitung und der Datentechnik vertraut gemacht. Es ist dafür zu sorgen, daß Neuerungen auf diesem Fachgebiet aufbauend in den Lehrstoff einbezogen werden. Die notwendigen Lehrmodelle und Lehrmittel sind bereitzustellen. Das Lehrpersonal ist für diese Aufgabe rechtzeitig vorzubereiten.

Ähnliches — nur aufbauend auf bereits vermittelte Grundkenntnisse — muß an den Berufs- und Fachschulen, Realschulen und Gymnasien geschehen.

3. An den Universitäten und Hochschulen muß die Teilnahme an Vorlesungen und Seminaren auf dem Gebiet der Datenverarbeitung und der Datentechnik für alle Volks- und Betriebswirte zur Pflicht gemacht werden.

Ohne eine Ausbildung auf diesem Fachgebiet sollte niemand zum Examen zugelassen werden.

An den meisten Universitäten und Hochschulen hat man die Bedeutung der Datenverarbeitung und der Datentechnik in der Zukunft längst erkannt. Unternommen wurde dagegen bisher recht wenig. Besonders von der Universität Köln wurden Vorschläge ausgearbeitet, die dazu dienen sollen, die akademische Ausbildung auf dem Gebiet der automatisierten Datenverarbeitung in Deutschland zu verbessern.

So wurde beispielsweise in den ADL-Nachrichten 59/69 (Zeitschrift für Informationsverarbeitung) für Oktober/Dezember 1969 das zweite Memorandum des Betriebswirtschaftlichen Instituts für Organisation und Automation an der Universität zu Köln (BIFOA) veröffentlicht, in dem dieses Thema behandelt wird.

Dieses Memorandum ist als eine Stellungnahme zu den Empfehlungen zur Ausbildung auf dem Gebiet der Datenverarbeitung anzusehen, die am 3. Juli 1968 vom Pressedienst des Bundesministeriums für wissenschaftliche Forschung mit dem folgenden Text veröffentlicht wurde:

»Der Fachbeirat für Datenverarbeitung, der das Bundesministerium für wissenschaftliche Forschung bei den Förderungsmaßnahmen auf dem Gebiet der Datenverarbeitung berät, hat Überlegungen über eine Verbesserung der akademischen Ausbildung auf dem Gebiet der Datenverarbeitung angestellt und Empfehlungen hierüber erarbeitet. Diese Empfehlungen sind vom Bundesminister für wissenschaftliche Forschung, dem Präsidenten der ständigen Konferenz der Kultusminister der Länder, der Bundesrepublik Deutschland, dem Vorsitzenden des Wissenschaftsrates und dem Präsidenten der Westdeutschen Rektorenkonferenz zugeleitet worden.

Die Empfehlungen zur Ausbildung auf dem Gebiet der Datenverarbeitung haben folgenden Wortlaut:

1. Die rasche technische Entwicklung auf dem Gebiet der Informationsverarbeitung macht an mehreren Universitäten und Technischen Hochschulen die Einrichtung eines Studienganges » I n f o r m a t i k « erforderlich.

2. Dieser Studiengang sollte sich an der Ausbildung im Computerscience orientieren, wie sie sich in den letzten Jahren an den US-amerikanischen Hochschulen entwickelt hat. Er dient der Heranbildung von Akademikern für folgende Tätigkeiten:

   a) I n   d e r   D V - I n d u s t r i e
   Entwicklung von DV-Systemen (logischer Entwurf, Entwurf von Programmiersystemen für Betrieb und Anwendung von DV-Anlagen).

   b) B e n u t z e r   v o n   D V - A n l a g e n
   (Rechenzentren in allen Bereichen der Industrie, Handel und Behörden):
   Pflege und Weiterentwicklung von Betriebssystemen, Beteiligung an System- und Einsatz-Planungsaufgaben, Entwicklung benutzerspezifischer Anwendungs-Programmsysteme.

   c) F o r s c h u n g :
   Vorbereitungen zu eigenen Arbeiten an der Weiterentwicklung von DV-Systemen und von neuen DV-Verfahren sowie an der Erschließung neuer Anwendungsgebiete für Rechner.

Gedacht ist an einen Studiengang, der nach neun Semestern mit einem akademischen Grad (z. B. Diplom-Informatiker) abgeschlossen sein soll, der im Niveau dem Dipl.-Mathematiker bzw. Dipl.-Ingenieur entspricht.

Er umfaßt unter anderem folgende Ausbildungsgebiete:

1. Mathematische Grundlagen, speziell Einführung in
   a) Mengenlehre,
   Algebraische Strukturen,

    Kombinatorik,
    Graphentheorie,
    Mathematische Logik
  b) Analysis,
     Differentialgleichungen
  c) Lineare Algebra
  d) Numerische Mathematik
  e) Wahrscheinlichkeitsrechnung
2. Programmierung algorhythmischer Prozesse
3. Datenverarbeitungssysteme — Organisation
4. Schaltwerkentwurf
5. Datenstrukturen und Datenorganisation
6. Algorhythmische Sprachen und ihre Übersetzer
7. Systemprogrammierung
8. Theorie formaler Sprachen
9. Automatentheorie
10. Touringmaschinen und rekursive Funktion
11. Heuristische Programmierung

Ergänzend dazu:

Lehrveranstaltungen über

Statistik
Systemsimulation
Unternehmensforschung
Spieltheorie
Codierungs- und Informationstheorie
Mathematische Optimierung
Algebra und Impulstechnik

Im Anschluß an das Diplom sollte im Rahmen eines Ausbaustudiums auch die Möglichkeit zur Promotion bestehen.

3. Die Verwirklichung dieser Studienrichtung sollte dadurch gefördert werden, daß die auf diesem Gebiet bereits tätigen Institute durch die Einrichtung neuer Lehrstühle verstärkt werden. Es erscheint zweckmäßig, diese Lehrstühle in einem gegebenenfalls interfakultativen Institut zusammenzufassen.

4. Diesem Institut sollte im Rahmen des Förderungsprogrammes eine eigene Großrechenanlage zur Verfügung gestellt werden, eventuell mit der Auflage, damit auch die Funktion des Hochschul-Rechenzentrums zu übernehmen.

5. Zur Förderung der Anwendungsmethoden auf den verschiedenen übrigen akademischen Disziplinen (Betriebswirtschaft, Medizin, Rechtswissenschaft usw.) sollen

a) von den Informatiklehrstühlen Lehrveranstaltungen zur Einführung in die Datenverarbeitung für Nicht-Informatiker geboten werden.

b) Informatiker die Möglichkeit haben, im Rahmen ihrer Ausbildung in Wahlfächern Einführungen in die verschiedenen Anwendungsgebiete zu hören, die von den entsprechenden Fakultäten geboten werden.

c) Gemeinschaftsforschungsprojekte zwischen Informatiklehrstühlen und Lehrstühlen aus anderen Fakultäten gefördert werden.«

Der vorliegende Text gab Anlaß zur Kritik und führte — wie bereits angedeutet — zum zweiten Memonrandum der BIFOA. Vor allem wurde kritisiert, daß die Empfehlungen zum Studium der Informatik überwiegend Hardware/Software-bezogen sind und besonders die Ausbildung von Spezialisten auf diesem Gebiet fördern. Man bezweifelt dagegen, daß die Ausbildung dieser zukünftigen akademischen Informatiker zur Gestaltung betriebsindividueller ADV-Systeme mit immer umfangreicheren betriebswirtschaftlichen Aufgabenstellungen ausreicht. Es wird darauf hingewiesen, daß die Ausbildung mehr anwendungsorientiert sein müsse (Betriebsinformatik, Wirtschaftsinformatik) und daß besonderes Gewicht auf die Informationsanalyse und die Entwicklung von Anwendungskonzeptionen zu legen ist.

Über diese Dinge wird bereits gesprochen, und so ist zu hoffen, daß auch bald etwas getan wird.

7.3.3 Förderung der Forschung auf nationaler und übernationaler Ebene?

Verglichen mit den USA wird in der Bundesrepublik Deutschland relativ wenig für die Forschung getan. Im Jahre 1968 wurden knapp 5%[1] (etwa 3,7 Milliarden DM) von insgesamt 78[2] Milliarden DM für sämtliche Forschungsausgaben aller Ministerien angesetzt.

---

[1] Pressedienst des Bundesministeriums für Wissenschaftliche Forschung Nr. 20/68 vom 23. 11. 1968.
[2] Frankfurter Allgemeine Zeitung vom 6. 9. 1968.

In Amerika wird ein weit größerer Prozentsatz des Bruttosozialproduktes für den gleichen Zweck bereitgestellt. Die Entwicklung, die in den Vereinigten Staaten auf dem Gebiet der Datenverarbeitung erfolgt, ist zum großen Teil auf die Förderung der Forschung zurückzuführen, die dieses Fachgebiet dort erfuhr. Diese Entwicklung war jedoch keine isolierte, die nur auf die USA beschränkt blieb.

Die wirtschaftlichen Interessen — weit verzweigt und sehr verästelt — trugen viel dazu bei, daß neue Techniken und Verfahren bald auch außerhalb der USA verfügbar waren. So wurden beide zu einer interessanten Ware, mit der gut zu handeln war.

Der Fortschritt wurde verkauft. Auf keinem anderen Gebiet ist das so deutlich geworden wie auf dem der Datenverarbeitung.

Wenn man sich einmal die Produkte anschaut, die auf dem Computermarkt der Bundesrepublik angeboten werden, dann wird man feststellen, daß zum Beispiel die mittleren und größeren Anlagen fast alle im Ausland entwickelt und produziert wurden. Der weitaus größte Teil der Computer, die hier in Deutschland gefertigt werden, sind ebenfalls ausländische Erzeugnisse, die hier nur unter Lizenz hergestellt werden.

Eigene Entwicklungen fehlen fast vollständig. Lediglich in der Verfeinerung und Abwandlung bestehender Techniken wurde Beachtliches geleistet.

Obwohl in der Bundesrepublik bekannte Firmen Computer bauen und einen immer größeren Marktanteil gewinnen, darf man sich nicht über den wahren Ursprungsort täuschen lassen: er liegt meist in Amerika.

Die Entwicklung der S o f t w a r e ist eine Angelegenheit, deren Bedeutung man nicht unterschätzen darf. Dies ist in doppeltem Sinn zu verstehen:

    einmal als e n o r m e r K o s t e n f a k t o r,
    zweitens als H e r z e i n e s j e d e n E D V - S y s t e m s,
    das nun einmal nur so gut ist wie seine Software.

Schaut man zurück auf die Entwicklung der vergangenen Jahre, dann muß man feststellen, daß diese bei uns auch ohne eine besonders geförderte Forschung auf diesem Gebiet recht stürmisch war, so stürmisch, daß wir mit der Ausbildung nicht mehr nachgekommen sind und es uns heute noch an Fähigkeiten mangelt, das Angebot in seiner ganzen Breite zu nutzen.

Wie auf anderen Gebieten so hat sich auch im Bereich der Datenverarbeitung manche Neuentwicklung aus den Arbeiten für die Raumfahrt ergeben, für die in den USA enorme Beträge ausgegeben wurden.

Da die Forschungs- und Entwicklungsarbeiten im Bereich der H a r d - und S o f t w a r e Milliarden kosten, muß man sich fragen, welche Vorteile wir errungen hätten, wenn zum Beispiel auf diesem Gebiet mehr von uns geforscht und entwickelt worden wäre und ob ein derartiges Unternehmen wirklich sinnvoll gewesen sei.

Es läßt sich auf diese Frage mit Sicherheit sagen: Diese Dinge hätten viel, sehr viel Geld gekostet. Ob die errungenen Vorteile diesen Aufwand gerechtfertigt hätten, ist sehr zweifelhaft.

Man sollte sich davor hüten, auf übernationaler Ebene den gleichen Fehler zu machen, der sich in kleineren Bereichen täglich tausendfach wiederholt: Dieselben Dinge — ohne Rücksicht auf die Leistung anderer — selbst noch einmal zu tun.

Zur besseren Erläuterung soll folgendes Beispiel dienen:

Wenn man einmal voraussetzt, daß es ca. 500 Betriebe gibt, die die gleichen EDV-Probleme haben, dann wird man bei einer Prüfung mit fast absoluter Sicherheit feststellen, daß in jedem Betrieb — ohne Rücksicht darauf, was die anderen tun — die gleichen Arbeiten gemacht werden.

Keiner hat sich um die anderen gekümmert — ja weiß nicht einmal um ihre Existenz! Zur Erreichung des fast gleichen Zieles entstehen 500mal die gleichen Kosten, und es müssen alle Arbeiten ebenso oft gemacht werden. Nicht zu vergessen die vielfachen Mühen aller Beteiligten!

Man kann sich gar nicht vorstellen, welche Einsparungen möglich wären, wenn hier eine ordnende Hand eingreifen und eine gemeinsame Planung zustandebringen könnte.

In diesem Zusammenhang wird deutlich, welche Bedeutung künftig guten sachbezogenen und modulierbaren Programmsystemen zukommt.

Die Forschungsarbeit im Bereich der elektronischen Datenverarbeitung auf übernationaler Basis ist eine notwendige Angelegenheit. Es müssen Forschungsgemeinschaften für die gesamte Forschung gebildet werden, die sich zu internationaler Arbeit zusammenfinden. Erst durch eine große, möglichst weltumspannende Steuerung aller Forschungsarbeiten wird die beste Wirkung erzielt und ungeheure Mittel könnten eingespart werden, die zum Wohl der gesamten Menschheit eingesetzt werden könnten.

Einige Beispiele übernationaler Zusammenarbeit sind schon in mehreren Fällen gegeben worden, z. B. der gemeinsame Bau eines Wettersatelliten, der von Franzosen und Deutschen geschaffen wurde oder die Konstruktion eines neuen modernen Verkehrsflugzeuges, das Engländer und Franzosen entwickelten.

Forschung tut not, das ist eine Tatsache: Allerdings darf es keine Forschung um jeden Preis sein, wild und zügellos, sondern eine bewußte und gezielte.

Eine derart rationelle Forschung setzt jedoch voraus, daß ein zwischenstaatlicher Kostenausgleich erfolgt und der einzelne seinen ihm »teuren« Individualismus aufgibt.

Stichwortverzeichnis

A

Ärger mit Terminen 24
Arbeits-Dokumentation 94
Arbeitsmoral 108
Arbeitsverträge 43
Arbeitsvorbereitung 94
Archivar 95
Assembler 115
Ausbildung 31

B

Basis-Operating-System 88
Betriebssystem 87
Bundesförderung 125

C

Cobol 119
Compiler 117
Computer-Einsatz 124
Computer-Umstellung 95
Control-Programs 116

D

Dateien 71
Datenerfasserinnen 50
Datenerfassung 54
Datentypistin 51
Datenverarbeitungs-Kaufmann 32
Dienstprogramme 115
Direkteingabe 78
Dynamic Storage 89

E

EDV-Entwicklung 111, 124
EDV-Leiter 61, 67
EDV-Organisatoren 46
EDV-Spezialisten 29

F

Fortran 82, 118
Fremde Programmierer 101

G

Generator-Programme 71

H

Hardware 114

I

Informatik 129
Instruktion 115

K

Kernspeicher 122
Konsol-Operator 94

L

Locherin 51
Lochsaal-Leiterin 53

M

Manager 13
Manager-EDV-Entscheidungen 20
Maschinenbediener 49
Maschineninstruktion 115
Maschinenorientiert 82
Master-Control-Programm 121
Mischprogramme 116
Monitor 121
Multiprogramming 89

N

Nationale Förderung 131

O

Operators 49
Optisch lesbare Streifen 51
Organisation 61, 69
Organisatoren 46

P

Periphere Einheiten 23
Peripherie-Operator 95
Personalpolitik, falsche 106
Personalprobleme 43, 49, 52
PL/I 119
Problem-orientiert 82
Programmbeschreibung 47
Programmierer 29
Programmierkosten 107
Programmiersprache 81, 84
Prüferin 51

R

Report-Programm-Generator (RPG) 43

S

Service-Programme 115
Software-Entwicklung 114
Sortierprogramme 116
Source-Programm 71
Spezialisten 29
Steuerungsprogramme 116
Supervisor 121
Systemprogrammierung 42

T

Tabelliermaschinen 112
Termine 24, 78
Testdaten 47
Time-Sharing 89

U

Übernationale Forderung 131
Übertragungsprogramme 116
Umorganisation 75, 81, 87, 95
Umprogrammierung 81
Umstellung 15

V

Verarbeitungsfolge 90
Verhältnis zur EDV 9

Z

Zeit der Reife 41
Zentralspeicher 22, 122

Vom selben Verfasser ist erschienen:

EDV in Eigenregie oder außer Haus?

Von Harry Komor, Göttingen
131 Seiten, gebunden DM 20,—

Die Bedeutung der Datenverarbeitung wächst in zunehmendem Maß; sie dringt immer mehr in Bereiche vor, die ihr vor Jahren noch verschlossen waren. Diese Entwicklung führt dazu, daß sich heute Menschen mit ihr auseinandersetzen müssen, die vor nicht allzu langer Zeit kaum um ihre Existenz wußten. Dieses Buch ist für alle geschrieben, die sich mit der Elektronischen Datenverarbeitung befassen müssen, sei es für den eigenen Betrieb oder für andere. Es soll helfen, die richtigen Entscheidungen zu treffen, wenn es um die Frage geht, ob die Datenverarbeitung mit einem eigenen Computer gemacht werden soll oder mit einem fremden. Vor allem jedoch soll es mit dazu beitragen, daß die eigenen EDV-Erfahrungen nicht zu teuer werden.

„Unternehmen, besonders den kleinen und mittleren Betrieben, das erforderliche Wissen für eine Entscheidung über die Inanspruchnahme eines Computers zu vermitteln, ist Sinn dieser auf Detailfragen und komplizierte Zusammenhänge verzichtenden Veröffentlichung."

Blick durch die Wirtschaft

Aus dem Inhalt:
Der erste Schritt zur EDV / Formen der Zusammenarbeit / Grundlagen für die Zusammenarbeit / Die Programmierung / Die Bearbeitungszeiten / Die Datenerfassung und die Datenträger / Leistung und Haftung der Rechenzentren / Was ist ein Standardprogramm.

I. H. SAUER-VERLAG, HEIDELBERG

EDVA-Einsatz

Planung — Vorbereitung — Durchführung

Von Dipl.-Kaufmann CARL SCHNEIDER, Karlsruhe
153 Seiten, DM 15,—

„Taschenbücher für die Wirtschaft"
Band 20

Kaum eine Entscheidung ist so schwierig, so weitreichend und so entscheidend für die Zukunft des eigenen Betriebes wie die Frage des Einsatzes einer elektronischen Datenverarbeitungsanlage. Vorschnelle positive Entscheidung kann ebenso verhängnisvoll sein wie zu langes Hinauszögern des Entschlusses die Wettbewerbsfähigkeit beeinträchtigen kann. Hier kann eine verantwortliche Unternehmerentscheidung allein aus fundierter Kenntnis der Zusammenhänge getroffen werden.

Diese in logischer Systematik für alle entscheidenden Phasen der Einsatzplanung, betriebswirtschaftlich wie organisatorisch, zu vermitteln, ist Aufgabe und Anliegen des Buches.

Aus dem Inhalt:
Zur Problemlage / Gründe für den Einsatz / Voraussetzungen und Bedingungen / Vorbereitung der Voruntersuchung / Voruntersuchung / Gesamtkonzeption / Anlagenauswahl / Termin- und Vorlaufplanung / Personalproblem / Schlußbetrachtung.

I. H. SAUER-VERLAG, HEIDELBERG